메이크 타임

구글벤처스의
혁신적 시간관리법

메이크 타임

제이크 냅·존 제라츠키 | 박우정 옮김

4 87

구글벤처스의 혁신적 시간관리법

MAKE TIME

김영사

메이크 타임
구글벤처스의 혁신적 시간관리법

1판 1쇄 발행 2019. 4. 29.
1판 9쇄 발행 2022. 7. 1.

지은이 제이크 냅·존 제라츠키
옮긴이 박우정

발행인 고세규
편집 이한경 | 디자인 유상현
발행처 김영사
등록 1979년 5월 17일(제406-2003-036호)
주소 경기도 파주시 문발로 197(문발동) 우편번호 10881
전화 마케팅부 031)955-3100, 편집부 031)955-3200 | 팩스 031)955-3111

값은 뒤표지에 있습니다.
ISBN 978-89-349-9525-8 03320

홈페이지 www.gimmyoung.com   블로그 blog.naver.com/gybook
인스타그램 instagram.com/gimmyoung   이메일 bestbook@gimmyoung.com

좋은 독자가 좋은 책을 만듭니다.
김영사는 독자 여러분의 의견에 항상 귀 기울이고 있습니다.

홀리와 미셸에게

초집중 Laser _____ 103

초집중 전술: 스마트폰의 지배자 되기

초집중 전술: 인피니티 풀 피하기

초집중 전술: 몰입 유지하기

에너지 충전 Energize ——————— 195

- 머리만 중요한 건 아니다
- 검치호가 울부짖는 소리에 잠에서 깬 당신
- 현대의 생활 방식은 우연히 형성되었다
- 에너지 충전을 위해 원시인처럼 행동하기

에너지 충전 전술: 계속 움직이기

에너지 충전 전술: 진짜 음식 먹기

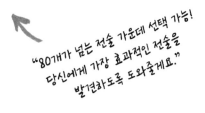

"80개가 넘는 전술 가운데 선택 가능!
당신에게 가장 효과적인 전술을
발견하도록 도와줄게요."

돌아보기 Reflect _____ 269

- 과학적 기법으로 하루하루를 미세하게 조절하라
- 결과를 추적하기 위해 기록하라(이때 솔직해야 한다)
- 작은 변화가 큰 결과를 만든다

'언젠가'가 바로 오늘이 되게 하라
Start 'Someday' Today _____ 281

인생에는 서두르는 것 말고도 더 많은 것이 있다.

_마하트마 간디|Mahatma Gandhi

들어가는 말

요즈음 사람들은 만나면 이런 대화를 나눈다.

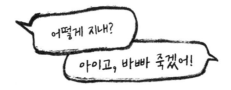

그리고 사람들의 일정표는 이렇게 바쁜 일들로 빼곡하다.

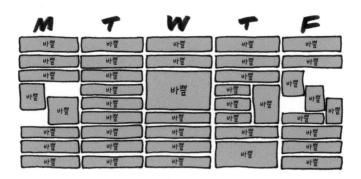

스마트폰은 온종일 쉴 새 없이 울린다.

사정이 이러하니 저녁 무렵이면 진이 빠져서 넷플릭스를 볼 기운조차 남아 있지 않다.

하루를 되돌아보며 '대체 오늘 내가 뭘 했지?' 하는 의문이 든 적이 있는가? 언젠가 실행할 프로젝트와 활동을 그리며 몽상에 빠져보지만… 그 '언젠가'가 절대 오지 않았던 적은?

이 책은 미친 듯이 돌진하는 속도를 늦추자고 말한다. 정말로 중요한 일을 할 시간을 확보하자는 것이다. 우리는 지금보다 덜 쫓기고 덜 주의 산만하고 현재의 순간순간을 더 즐길 수 있다고 믿는다. 어쩌면 세상물정 모르는 비현실적인 발언처럼 들릴 수 있겠지만 우리는 진지하다.

'메이크 타임Make Time'은 생산성에 관한 개념이 아니다. 더 많은 일을 해내고 할 일을 더 빨리 끝내고 외부의 도움을 받자는 얘기가 아니다. 가족과 함께 시간을 보내건 언어를 배우건 부업을 시작하건 자원봉사를 하건 소설을 쓰건 혹은 '마리오 카트Mario Kart'를 정복하건, 정말로 관심 있는 일을 할 시간을 실제로 더 많이 만들도록 도울 수 있게 설계된 프레임워크다. 당신이 무엇을 위한 시간을 원하든 우리는 메이크 타임이 도울 수 있다고 생각한다. 매 순간, 그리고 매일매일 당신은 삶을 온전히 자기 것으로 만들 수 있다.

오늘날 우리 삶은 왜 이렇게 바쁘고 혼란스러워졌을까? 이 이야기 먼저 하려고 한다. 그리고 끊임없이 스트레스를 받고 주의 산만한 것이 왜 당신 잘못이 아닌지도 짚어볼 것이다.

21세기에는 굉장히 강력한 두 가지 힘이 당신의 1분 1초를 차지하려고 다툰다. 그중 하나는 '비지 밴드왜건Busy Bandwagon'(퍼레이드 등에서 악대차가 탄 마차를 사람들이 우르르 쫓아가는 모습에서 착안해, 다른 사람들이 바쁘니 나도 따라서 바쁘게 지내는 현상을 말한다—옮긴이)이다. 비지 밴드왜건은 언제나 바쁜 요즘의 세태를 말한다. 넘쳐흐르는 메일 수신함, 계획이 빼곡한 일정표, 끝이 안 보이는 할 일들…. 비지 밴드왜건 사고방식에 따라 직장의 요구를 충족하고 현대사회에서 활동하려면 매 순간을 생산성으로 빽빽이 채워야 한다. 어쨌거나 다른 사람들도 모두 바쁘게 지내니까. 속도를 늦추면 뒤처져서 절대 따라잡지 못할 것이다.

당신의 시간을 탐내는 두 번째 힘은 '인피니티 풀Infinity Pools'(물이 하늘과 연결된 것처럼 설계되어 시각적으로 경계가 없어 보이는 수영장—옮긴이)이다. 인피니티 풀은 끝없이 새로운 내용이 올라오는 앱과 그 외 정보원을 말한다. 화면을 밑으로 당겨서 새로고침 하는가? 그게 인피니티 풀이다. 스트리밍을 한다면 그것도 인피니티 풀이다. 언제든 이용할 수 있고 늘 갱신되는 오락거리들은 녹초가 되도록 끊임없이 바쁜 데 대한 보상이다.

그런데 꼭 이렇게 생활해야 할까? 주의가 계속 분산되는 게 정말 보상일까? 아니면 그저 자동 조종장치에 갇혀버린 걸까?

우리의 시간은 디폴트에 따라 사용된다

비지 밴드왜건과 인피니티 풀이 강력한 힘을 발휘하는 이유는 우리 생활의 디폴트_{default}(기본 값)가 되었기 때문이다. 기술용어로 디폴트는 무언가를 처음 사용할 때 그것이 작동하도록 설정된 방식을 뜻한다. 디폴트는 미리 지정된 옵션이어서 사용자가 이 설정을 따로 바꾸지 않으면 자동으로 적용된다. 예를 들어 새로 구매한 스마트폰 화면에는 디폴트로 이메일과 웹브라우저 앱이 설치되어 있고 새 메시지가 도착할 때마다 디폴트로 알림이 뜬다. 또 디폴트 배경화면 이미지와 디폴트 벨소리까지 있다. 이 모든 옵션은 애플이나 구글 혹은 다른 어디든 스마트폰을 만든 곳에서 미리 선택해놓는다. 원하면 설정을 바꿀 수 있지만, 그러려면 번거롭게 손이 가야 하니까 많은 디폴트가 그대로 유지된다.

이런 디폴트는 삶의 거의 모든 영역에 존재한다. 사용하는 기기들뿐만이 아니다. 일터와 문화 어디서든 정상적이고 일반적인 상황을 바쁘게 몰아붙이고 흐트러뜨리는 디폴트가 기본으로 작동한다. 이런 표준 설정은 어디에나 있다. 일정표가 비었다고 "이 시간을 보내는 가장 좋은 방법은 무작위 회의로 꽉꽉 채우는 거야!"

라고 말하는 사람은 없다. "오늘 가장 중요한 건 나 말고 다른 사람들의 기분이야!"라고 말하는 사람도 당연히 없다. 말도 안 되는 소리다. 그런데 우리는 정확히 그렇게 하고 있다. 바로 디폴트 때문에! 사무실에서는 사실 잠깐 얘기하면 될 일도 30분에서 1시간 동안 회의하는 게 기본이다. 내 일정표를 다른 사람이 선택하고, 회의가 다닥다닥 이어져도 괜찮다고 생각하는 게 디폴트다. 나머지 업무는 디폴트로 이메일이나 메시지 시스템과 연결되고, 다시 디폴트로 끊임없이 메일 수신함을 확인하고 곧바로 전부 답장을 보낸다.

앞에 놓인 일에 대응하라. 즉각 반응하라. 시간을 꽉꽉 채워라. 효율적인 사람이 되어라. 더 많은 일을 끝내라. 이 모두가 비지 밴드왜건의 디폴트 규칙이다.

비지 밴드왜건을 뿌리치고 도망가면 이번에는 인피니티 풀이 우리를 꾀려 한다. 비지 밴드왜건의 디폴트가 끝없는 업무라면, 인피니티 풀의 디폴트는 끝없는 주의 분산이다. 우리의 스마트폰, 랩톱, 텔레비전은 게임, 소셜 미디어 게시물, 영상으로 가득 차 있다. 모두 다 손쉽게 이용할 수 있고 거부하기 힘들 뿐만 아니라 중독성까지 있다. 모든 저항 장벽은 제거되어 있다.

페이스북 갱신, 유튜브 검색, 쉴 새 없는 뉴스 속보, 캔디크러시 게임, HBO 채널 몰아보기…. 이 모두가 비지 밴드왜건이 남긴 조각난 시간을 낱낱이 집어삼키는, 게걸스러운 인피니티 풀의 디폴트다. 보통 하루에 스마트폰을 4시간 넘게 쓰고 또 텔레비전 쇼를 4시간을 넘게 본다면, 머리를 식히는 활동이 말 그대로 전업이 되는 셈이다.

비지 밴드왜건과 인피니티 풀이 서로 끌어당기는 힘에 못 이겨 당신은 지금 그 중간쯤에 서 있다. 당신 생각은 어떤가? 하루하루에서, 그리고 삶에서 무엇을 원하는가? 만약 이런 디폴트를 무시

하고 직접 일상을 설정할 수 있다면 어떻게 될까?

의지력은 탈출구가 되지 못한다. 우리는 유혹을 뿌리치려 노력해봤고 그래서 거부가 불가능하다는 것도 안다. 또 기술 산업에 수년간 종사했기 때문에 이런 앱과 게임, 기기가 결국 당신을 마모시키리란 것도 안다.

생산성 역시 해결책이 아니다. 우리는 시간을 쪼개 잡다한 일을 하고 더 많은 일을 꾸역꾸역 해치우려 노력해왔다. 문제는 그럴수록 항상 더 많은 과제와 요구가 빈 자리를 차지하려고 기다린다는 것이다. 당신이 빨리 달릴수록 쳇바퀴는 더 빨리 돌아간다.

하지만 주의가 분산되는 데서 벗어나 다시 시간을 통제할 방법이 있다. 바로 이 책이다. 메이크 타임은 삶을 좀 더 의도적으로 꾸릴 수 있도록 스스로 가장 중요한 일을 선택하고, 그 일을 할 에너지를 비축하고, 디폴트의 순환을 깨뜨리게 하는 프레임워크다. 스케줄을 완전히 내 맘대로 통제할 수는 없어도(우리 중 그렇게 하는 사람은 거의 없다) 주의를 전적으로 통제할 수는 있다.

우리는 당신만의 디폴트를 설정하게끔 돕고 싶다. 새로운 습관을 들이고 사고방식이 새로워지면, 더는 반응하는 데만 그치지 않고 나에게 중요한 사람과 활동에 쓸 시간을 적극적으로 만들 수 있다. 시간을 절약하자는 말이 아니다. 정말로 중요한 것을 위한 시간을 만들자는 이야기다.

이 책에서 소개하는 아이디어들은 당신의 일정표와 머릿속, 하루하루에 공간을 만들어낼 수 있다. 그러면 일상생활이 명확하고 차분해질 것이다. 또 새로운 취미활동을 시작하거나 '언젠가' 시작하길 꿈꾸던 프로젝트에 착수할 기회로 연결될 수도 있다. 생활에 여백이 생기면 그동안 당신이 잃어버렸거나 애초에 발견하지 못했던 창조적 에너지를 발산하게 해줄 수도 있다. 이 모든 이야기를 하기 전에 먼저 대체 우리가 누구이고, 왜 이렇게 시간과 에너지에 집착하는지, 어떻게 메이크 타임을 구상하게 되었는지 설명하겠다.

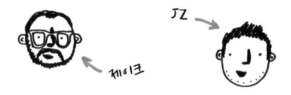

시간 얼간이들을 만나보시라

우리는 제이크와 JZ이다.* 우리는 일론 머스크Elon Musk처럼 로켓을 만드는 억만장자도 아니고 팀 페리스Tim Ferris처럼 잘생긴 르네상스적 교양인도 아니다. 셰릴 샌드버그Sheryl Sandberg 같은 천재 경영인도 아니다. 시간관리에 관해 조언하는 글은 대부분 초능력자들

---

* 이 책에서 'JZ'는 존 제라츠키John Zeratsky를 말한다. 음악가이자 사업계의 거물 제이지Jay-Z와 헷갈리지 마시길. 실망도 마시길.

얘기거나 초능력자들이 쓴다. 하지만 이 책에서는 초인적인 능력에 관한 언급은 눈 씻고 찾아봐도 없을 것이다. 우리는 다른 모든 사람과 마찬가지로 툭하면 스트레스를 받고 주의가 산만해지는, 평범하고 실수하기 쉬운 인간이다.

그럼에도 남다른 이유는 우리 두 사람이 지메일, 유튜브, 구글 행아웃 같은 서비스 구축을 돕는 첨단기술 산업에서 수년을 일한 제품 디자이너라는 데 있다. 디자이너로서 우리 일은 추상적인 아이디어("만약 이메일이 저절로 분류된다면 멋지지 않겠어?"와 같은)를 실생활의 솔루션(지메일의 자동분류함Priority Inbox처럼)으로 바꾸는 것이다. 우리는 기술이 일상생활에 어떻게 적용되는지(그리고 어떻게 일상을 바꾸는지) 이해해야 했다. 이런 일을 하다 보니 인피니티 풀의 위력이 얼마나 강한지, 그 힘이 더 커지지 않게 하려면 어떻게 막아야 하는지에 대해 통찰력이 생겼다.

몇 년 전 우리는 눈에 보이지 않는 무언가, 즉 시간을 사용하는 방법에도 디자인을 적용할 수 있음을 깨달았다. 하지만 기술 개발이나 사업 기회로 이용하는 대신 삶에서 가장 의미 있는 프로젝트로서 가장 중요한 사람들을 대상으로 작업에 돌입했다.

우리는 개인적으로 최우선순위의 일을 할 시간을 조금이라도 짜내려고 날마다 노력했다. 비지 밴드왜건의 디폴트에 의문을 제기하고 할 일 목록과 일정표를 다시 설계했다. 또 인피니티 풀의 디폴트에 대해서도 의문을 제기하고 언제 어떻게 기술을 사용할지 재설계했다. 우리는 무한한 의지력의 소유자가 아니었으므로 새로운 설계는 실천하기에 쉬워야만 했다. 모든 의무를 벗어던질 수도 없는 노릇이어서 제약을 안고 작업했다. 실험하면서 우리는 실패하기도 했고 성공하기도 했으며 시간이 지나서야 깨닫기도 했다.

이 책에서 우리는 마침내 발견한 원칙 및 전술과 함께 우리가 저지른 인간적 실수와 멍청한 해결책에 얽힌 이야기도 많이 공유할 생각이다. 메이크 타임을 시도하기에 좋은 출발점이 되리라 믿는다.

 제이크 **비하인드 1: 방해꾼이 없는 아이폰**

2012년의 일이다. 두 아들 녀석이 거실에서 나무 기차를 가지고 노는 중이었다. 루크(여덟 살)가 부지런히 트랙을 조립하는 동안 플린(아기)은 기관차 위에 침을 흘리고 있었다. 문득 루크가 고개를 들더니 내게 물었다.

아빠, 왜 핸드폰을 보고 있어?

아들이 내 기분을 상하게 하려던 건 아니었다. 그냥 궁금해서 물어봤을 뿐이다. 선뜻 적당한 답이 떠오르지 않았다. 딱 그 순간 이메일을 확인한 데는 분명 변명거리가 있었다. 하지만 썩 적절한 대답은 아니었다. 아이들과 함께 보내는 시간을 온종일 기대했고 마침내 그 시간이 왔는데… 나는 그 자리에 있지 않았다.

순간 무언가가 분명해졌다. 한번 주의를 딴 데로 돌린 게 문제가 아니었다. 내게는 더 큰 문제가 있었다.

나는 내가 매일 대응하며 살고 있음을 깨달았다. 일정표에, 이메일에, 인터넷에 무한정으로 올라오는 새로운 내용에 말이다. 가족과 보내는 시간은 스르르 스쳐 지나갔다. 대체 왜 그랬을까? 그렇게 해서 뭘 할 수 있었을까? 메시지 하나라도 더 답을 보내는 것? 할 일을 하나라도 더 처리하는 것?

내가 좌절한 건 이미 균형을 잡으려고 노력 중이었기 때문이다. 2003년 루크가 태어났을 때 나는 집에서 알찬 시간을 보낼 수 있도록 더 생산적으로 일하겠다는 미션에 착수했다.

2012년 나는 스스로 생산성과 효율성의 대가라고 생각했다. 적당한 시간을 일했고 매일 밤 저녁식사에 늦지 않도록 집에 도착했다. 일과 생활이 균형을 이룬 것처럼 보였다. 아니, 그렇게 믿었다.

그러나 정말 그랬다면 왜 여덟 살 아들이 딴 데 정신 팔린 나를 불렀을까? 내가 직장에서 일을 잘 처리했다면 왜 항상 눈코 뜰 새 없이 바쁘고 정신이 산만하다고 느꼈을까? 아침에 200개였던 읽지 않은 이메일을 자정에 0개로 만들었다고 해서 그날이 정말로 성공한 하루일까?

그러자 이런 생각이 들었다. 더 생산적인 것이 내가 가장 중요한 일을 한다는 뜻은 아니구나. 그저 내가 다른 사람들의 우선순위에 더 빨리 대응한다는 뜻일 뿐.

나는 항상 온라인에 접속해 있느라 아이들과 충분히 함께하지 않았다. 책을 쓰겠다는 중요한 '언젠가의' 목표도 계속 미루었다. 사실 한 페이지도 쓰지 않은 채 수년 동안 질질 끌어왔다. 다른 사람들의 이메일, 다른 사람들의 상태 업데이트, 다른 사람들이 먹은 점심식사 사진의 바닷속에서 물장구치느라 너무 바빴기 때문이다.

나는 실망하는 정도를 넘어 분개했다. 화가 치밀어 올라 스마트폰을 움켜쥐고는 씩씩거리면서 트위터와 페이스북, 인스타그램을 삭제했다. 첫 화면에서 아이콘이 하나씩 사라질 때마다 어깨가 가벼워지는 기분이었다.

다음으로 지메일 앱을 뚫어지게 쳐다보며 이를 악물었다. 당시 나는 구글 직원으로, 지메일 팀에서 수년간 일해왔다. 나는 지메일을 사랑했다. 하지만 해야 한다는 걸 알았다. 믿기지 않는다는 듯 화면에 떠오른, 정말 앱을 삭제하길 원하느냐는 메시지가 지금도 기억난다. 나는 침을 꿀꺽 삼키고는 '삭제'를 눌렀다.

이런 앱이 없으면 불안하고 소외감이 들 줄 알았다. 그 뒤 며칠 동안 정말로 변화를 느끼긴 했다. 그런데 그건 스트레스가 아니었다. 나는 안도감을 느꼈다. 자유를 느꼈다.

조금만 지루해질 기미가 보여도 반사적으로 아이폰에 손을 뻗던 습관이 없어졌고, 아이들과 보내는 시간이 좋은 의미로 느긋해졌다. 그러자 '세상에, 아이폰이 나를 더 행복하게 만들어주지 않는다면 내 주의를 빼앗는 다른 모든 것은 오죽하겠어?'라는 생각이 들었다.

나는 아이폰과 아이폰이 선사하는 모든 초현대적인 힘을 사랑했다. 그러나 기술에 딸려 오는 디폴트까지 모두 받아들이는 바람에 주머니 속의 반짝거리는 기기에 계속 얽매여 있었다. 내 삶의 얼마나 많은 다른 부분들이 재검토되고 재설정되고 재설계되어야 하는지 궁금해지기 시작했다. 나는 다른 어떤 디폴트들을 맹목적으로 받아들이고 있을까? 그리고 어떻게 책임질 수 있을까?

아이폰 실험 직후 나는 새로운 일을 맡게 되었다. 여전히 구글 소속이었지만, 외부 스타트업에 자금을 투자하는 벤처캐피털 업체인 구글벤처스Google Ventures에서 일하게 된 것이다.

구글벤처스에 출근한 첫날, 나는 존 제라츠키라는 사내를 만났다.

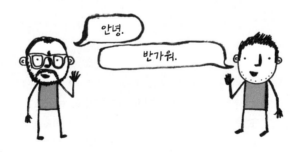

사실 처음에는 존을 싫어하고 싶었다. 나보다 젊고 솔직히 말해 더 잘생겼으니까. 게다가 더 거슬렸던 건 그가 늘 차분하다는 점이었다. 존은 스트레스를 받는 법이 없었다. 중요한 일을 일정보다 앞질러 끝내면서 부차적인 프로젝트를 할 시간까지 있었다. 존은 일찍 일어나서 일찍 일을 끝내고 일찍 집에 갔다. 그리고 늘 웃는 얼굴이었다. 대체 뭐 하는 사람일까?

흠, 결국 존(나는 'JZ'로 부른다)과 나는 잘 지내게 되었다. JZ가 나와 죽이 잘 맞는 사람이란 걸 곧 알아차렸다. 말하자면 어머니만 다를 뿐 마치 형제처럼 느껴졌다고 할까.

나와 마찬가지로 JZ도 비지 밴드왜건에 환멸을 느꼈다. 둘 다 기술을 사랑했고 수년간 기술 서비스를 디자인했지만(내가 지메일에 있을 때 JZ는 유튜브에서 일했다) 나와 JZ는 이 인피니티 풀에 치르는 주의와 시간이라는 대가를 알아차리기 시작했다.

이 문제에 관해 JZ도 나처럼 뭔가 해야겠다는 사명감을 느꼈다. 그는 오비완 케노비(《스타워즈》에 나오는 인물로 믿을 만한 조언자—옮긴이)와 비슷했다. 로브를 걸치는 대신 체크무늬 셔츠와 청바지를 입고, 포스 대신 그가 '시스템'이라 부르는 것에 관심이 있다는 점만 빼고. JZ가 생각하는 시스템은 거의 수수께끼 같았다. JZ는 그게 뭔지 정확히 몰랐지만, 실제로 존재한다고 믿었다. 그 시스템은 주의 분산을 막고 에너지를 유지하며 더 많은 시간을 만들기 위한 간단한 프레임워크였다.

맞다. 그 시스템이란 건 내게도 좀 과상하게 들렸다. 하지만 JZ가 그 시스템이 어떤 모습일지 이야기할수록 점점 더 고개를 끄덕이는 나 자신을 발견했다. JZ는 고대 인간 역사와 진화심리학까지 파고들더니, 수렵과 채집을 하며 살던 인간의 뿌리와 비정상적으로 돌아가는 현대사회 사이의 엄청난 괴리가 바로 문제의 일부 원인이라고 생각했다. 제품 설계자의 시각으로 문제를 바라본 JZ는 집중을 방해하는 것들과 싸우기 위해 의지력에 기대는 대신, 우리의 디폴트를 바꾸어 이 방해꾼한테 접근하기를 더 어렵게 만들어야 이 시스템이 효과를 나타내리라고 생각했다.

이런 세상에! 나는 생각했다. 만약 이런 시스템을 만들 수 있다면, 딱 내가 찾던 바로 그거잖아. 그래서 나는 JZ와 의기투합했고, 탐구를 시작했다.

 JZ **비하인드 2: 시간을 만들기 위한 우리의 바보스러운 탐구**

방해꾼이 없는 제이크의 아이폰은 약간 극단적이었고, 솔직히 말해 나는 곧바로 같은 시도를 하지는 않았다. 그런데 일단 그렇게 해보니 굉장히 만족스러웠다. 그래서 우리 두 사람은 다른 재설계, 즉 우리의 디폴트 설정을 '주의 분산'에서 '집중'으로 바꿀 방법을 탐색하기 시작했다.

나는 뉴스를 일주일에 한 번만 읽기 시작했고, 아침형 인간이 되도록 수면 스케줄을 다시 짰다. 하루에 여섯 번 소식하는 실험을 하는가 하면 두 끼를 많이 먹는 방법도 시도해봤다. 장거리 달리기, 요가 수업, 매일 팔굽혀펴기까지 다양한 운동요법을 채택했고 나아가 프로그래머 친구들을 설득해서 내게 맞춤화된 할 일 목록 앱을 만들기도 했다. 그동안 제이크는 스프레드시트를 이용해 꼬박 1년 동안 자신의 에너지 수준을 날마다 추적하면서 커피와 녹차 중 무엇을 마셔야 할지, 운동을 아침에 해야 할지 저녁에 해야 할지, 심지어 자신이 사람들과 어울리는 걸 좋아하는지까지 알아내려고 애썼다(답은 '예스'였다 … 대부분의 경우).

우리는 이런 집착적인 행동에서 많은 걸 배웠지만 단지 우리에게만 효과적인 방법을 넘어 그 이상을 알고 싶었다. 우리는 여전히 누구든 자기 생활에 맞게 조정할 수 있는 시스템이 있을 것이라고 믿었다. 이 시스템을 발견하려면 우리 말고 다른 피실험자들이 필요했는데, 다행히 우리에게는 완벽한 실험실이 있었다.

구글에서 일하는 동안 제이크는 '스프린트'라는 프로세스를 개발했다. 기본적으로 스프린트는 1주 5일의 근무일을 처음부터 철저하게 재설계했다. 닷새 동안 팀은 모든 회의를 취소한 뒤 구체적인 행동 체크리스트에 따라 한 가지 문제를 해결하는 데 집중한다. 스프린트는 제품이 아니라 시간을 설계한 우리의 첫 번째 시도였고, 구글 전체에 빠르게 퍼져나갔다.

2012년에 우리 두 사람은 구글벤처스 포트폴리오에 속한 스타트업들과 스프린트를 진행하기 위해 함께 일하기 시작했다. 그 뒤 몇 년 동안 이 5일간의 스프린트를 150회 이상 진행했는데 프로그래머, 영양사, CEO, 바리스타, 농부를 포함해 거의 1천 명에 가까운 사람들이 참여했다.

두 명의 시간 얼간이에게는 이 모두가 놀라운 기회였다. 우리는 일주일을 재설계하고 슬랙slack, 우버Uber, 23앤드미23andME를 포함한 신생기업들의 뛰어난 수백 개 팀으로부터 배우는 기회를 얻었다. 메이크 타임을 뒷받침하는 많은 원칙은 우리가 스프린트를 진행하며 발견한 방식에서 영감을 얻었다.

스프린트 실험실에서 얻은 네 가지 교훈

우리가 배운 첫 번째 교훈은 우선순위가 높은 하나의 **목표**로 하루를 시작하면 마법 같은 무언가가 일어난다는 것이다. 스프린트의 각 요일에 우리는 한 가지 중요한 일에 주의를 집중했다. 월요일에는 문제를 정리한 지도를 만든다. 화요일에는 각자 하나의 솔루션을 스케치한다. 수요일에는 어떤 솔루션이 가장 좋은지 결정한다. 목요일에는 프로토타입을 만들고, 금요일에는 이를 테스트한다. 각 요일의 목표는 야심차다. 하루에 딱 하나다.

이렇게 초점을 맞추는 방식은 일을 명확하게 하고 동기를 부여한다. 패기롭지만 성취 가능한 하나의 목표를 정하면 그날 하루가 끝날 즈음 목표를 완수하게 된다. 그러면 끝냈다고 체크 표시를 하고 일에서 손을 뗀 뒤 만족스럽게 퇴근할 수 있다.

스프린트에서 배운 또 다른 교훈은 **기기 사용을 금하면** 더 많은 일을 할 수 있다는 것이다. 이 규칙을 정한 뒤 랩톱과 스마트폰을 금지하자 경이로울 정도로 큰 차이가 나타났다. 이메일과 그 외 인피니티 풀들이 끊임없이 던지는 유혹이 사라지자 사람들은 당면 과제에 완전히 주의를 기울였고 디폴트가 '집중'으로 바뀌었다.

또 우리는 일에 대한 **집중과 명확한 사고에 에너지가 중요**하다는 것을 배웠다. 스프린트를 운영한 초기에는 달콤한 간식거리로 기운을 보충하며 오랜 시간 일했다. 그렇게 한 주의 막바지에 이르자 에너지가 곤두박질쳤다. 그래서 우리는 조절에 들어갔는

데, 건강에 좋은 점심, 잠깐의 산책, 잦은 휴식시간, 근무시간 약간만 줄이기 같은 방법이 최고의 에너지를 유지하는 데 도움이 되어 결과적으로 일을 더 잘, 효과적으로 처리할 수 있음을 알게 되었다.

마지막으로, 스프린트는 우리에게 실험의 힘을 가르쳐주었다. 실험을 통해 우리는 절차를 개선할 수 있었고 우리 스스로 직접 달라진 결과를 확인해 다른 누군가가 얻은 결과를 읽기만 했을 때는 몰랐던 큰 자신감이 생겼다.

우리가 진행한 스프린트는 한 팀에 꼬박 한 주가 필요했는데, 우리는 각 개인도 이와 비슷한 방식으로 자신의 하루를 재설계하지 못할 이유가 없다는 걸 바로 알 수 있었다. 이런 교훈들이 메이크 타임의 토대가 되었다.

물론 그렇다고 완벽으로 가는 노란 벽돌길만 걸은 건 아니었다. 여전히 우리는 이따금 비지 밴드왜건에 휩쓸렸고 주의를 분산하는 인피니티 풀에 빨려들어 갔다. 우리가 개발한 전술의 일부는 습관으로 자리 잡았지만, 일부는 덜커덩거리다 실패로 돌아갔다. 하지만 하루하루 우리가 얻은 결과를 검토하자 왜 실수했는지 이해하는 데 도움이 되었다. 그리고 이런 실험적인 접근 방식을 취하니 실수했을 때 우리 자신에게 더 너그러워질 수 있었다. 어쨌거나 모든 실수는 하나의 측정점일 뿐이고 그다음 날 항상 다시 시도할 수 있었기 때문이다.

발을 헛디뎌 휘청거려도 메이크 타임은 회복력이 있었다. 우리는 어느 때보다 활력이 넘치고 정신적으로 여유로워져 더 중요한 프로젝트들, 그러니까 전에는 손도 대지 못하던 '언젠가' 부류의 일들에 착수할 수 있었다.

제이크

나는 저녁마다 글을 쓰고 싶었는데 텔레비전의 유혹이 큰 문제였다. 그래서 실험을 통해 내 디폴트에 중대한 변화를 주었다. DVD 플레이어를 벽장에 집어넣고 넷플릭스를 해지했다. 여유 시간이 생기자 모험소설을 쓰기 시작했고, 《스프린트》를 쓸 때만 빼고는 여기에 계속 매달렸다. 글쓰기는 내가 어릴 때부터 하고 싶었던 일이어서 글을 쓸 시간을 마련하니 너무 행복했다.

JZ

아내 미셸과 나는 몇 년 동안 함께 긴 항해를 떠나는 꿈을 품어왔다. 그래서 낡은 요트를 사서 수리하며 주말을 보내기 시작했다. 우리는 하루에 한 가지 과제만 선택하여 일정표에 그 일을 위한 시간을 할당하는 전략을 적용했다. 그 결과 디젤엔진 유지 보수, 전기, 항해에 관해 배우는 시간을 마련할 수 있었다. 현재 우리는 샌프란시스코에서 남부 캘리포니아, 멕시코, 그리고 더 멀리까지 함께 항해했다.

제이크와 나는 이 결과에 몹시 흥분해서 우리가 효과를 본 메이크 타임 기법을 블로그에 올리기 시작했다. 수십만의 사람이 게시글을 읽었고 많은 독자가 편지를 보내왔다. 물론 개중에는 우리가 저 혼자 잘난 멍청이들이란 걸 알려주고 싶어 하는 사람들도 있었지만, 대다수 반응이 고무적이고 멋졌다. 사람들은 스마트폰에서 앱을 삭제하고 하루 한 가지 일에 우선순위를 두는 등의 전술에서 극적인 변화를 경험했다. 에너지를 충전했고 더 행복한 기분을 느꼈다. 우리뿐 아니라 많은 사람에게 효과가 있었다! 한 독자의 말처럼, "변화가 얼마나 쉬웠던지 신기할 정도였다".

딱 그 말대로다. 시간과 주의를 되찾는 것은 신기할 정도로 쉬울 수 있다. 제이크가 방해꾼 없는 아이폰에서 배운 것처럼, 변화에 엄청난 자기 수양이 필요하지는 않다. 대신 디폴트를 다시 설정하고, 방해꾼들한테 주의를 돌리지 못하도록 장벽을 만들고, 시간을 사용하는 방식을 재설계하면 변화가 나타난다. 일단 메이크 타임을 적용하기 시작하면 작고 긍정적인 변화들이 '자기 강화'(어떤 기준을 설정해놓고 그 기준에 도달했거나 초과했을 때 스스로 칭찬함으로써 자기 행동을 확고히 하는 것—옮긴이) 효과를 일으킨다. 메이크 타임을 더 많이 시도할수록 자기 자신에 관해 더 많이 배우고 시스템은 더 발전한다.

메이크 타임이 현대기술을 반대하는 건 아니다. 어쨌거나 우리는 둘 다 기술 덕후다. 연결을 완전히 끊거나 은둔자가 되라고 요구하는 것도 아니다. 당신은 여전히 현대인처럼 인스타그램에서 친구들을 팔로하고 뉴스를 읽고 이메일을 보낼 수 있다. 하지만 효율성에 집착하고 집중을 방해하는 것들로 가득 찬 우리 세계에 이의를 제기함으로써 기술의 장점만 취하고 통제권을 되찾을 수 있다. 그리고 일단 통제권을 쥐면 판도는 바뀐다.

메이크 타임의 작동 방식

메이크 타임은 매일 반복되는 네 단계 프로세스다

메이크 타임의 네 단계는 우리가 시도한 스프린트와 실험들, 그리고 이 프레임워크를 해본 뒤 결과를 공유해준 독자들에게서 배운 사실을 바탕으로 한다. 메이크 타임을 실천할 때 하루하루가 어떤 모습일지 도식화해보면 다음과 같다.

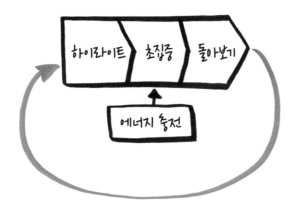

첫 번째 단계는 그날 우선으로 처리할 하이라이트highlight 하나를 선택하는 것이다. 그다음은 하이라이트에 초집중laser을 유지하기 위한 구체적인 전략을 선택한다. 이 책에서는 집중을 방해하는 요소를 물리치는 일련의 전술을 제시한다. 또 온종일 시간과 주의를 계속 통제할 수 있도록 에너지energy를 충전할 것이다. 마지막으로 몇 가지를 간단히 기록하면서 하루 돌아보기reflect를 할 것이다.

네 단계를 자세히 살펴보자.

하이라이트: 초점을 선택하는 것으로 하루하루를 시작하라

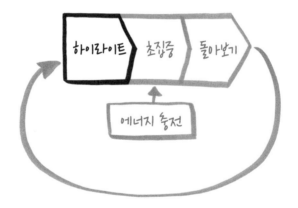

메이크 타임의 첫 번째 단계에서는 어떤 일을 할 시간을 만들고 싶은지 결정한다. 당신은 우선으로 처리하고 일정표에서 보호할 활동을 날마다 하나씩 선택할 것이다. '프레젠테이션 준비 완료'처럼 업무상 중요한 목표일 수도 있고, 저녁 식사를 위해 요리를 하거나 정원에 나무를 심는 것처럼 가정에서 할 일을 선택할 수도 있다. 또 아이들과 놀거나 책을 읽는 등 꼭 해야 할 필요는 없지만 하고 싶은 무언가일 수도 있다. 하이라이트는 여러 단계를 포함하기도 한다. 예를 들어, 프레젠테이션 준비를 끝내는 데는 맺음말 쓰기, 슬라이드 완성, 예행연습이 필요하다. '프레젠테이션 준비 완료'를 하이라이트로 설정하면 여기에 필요한 모든 과제를 끝내는 데 전념한다.

물론 하이라이트가 그날 하는 유일한 일은 아니다. 하지만 그 일이 당신의 최우선이 될 것이다. "오늘의 하이라이트가 뭘까?"라고 자문하면 나에게 중요한 일에 시간을 쓸 수 있어 다른 사람들의 우선순위에 대응하느라 하루를 날리지 않는다. 하이라이트를 선택하면 마음가짐이 긍정적이고 적극적으로 바뀐다.

우리는 당신을 돕기 위해 매일의 하이라이트를 선택하고 실제로 이를 달성할 시간을 확보하는 데 자주 사용하는 전술을 알려줄 것이다. 하지만 이것만으로는 충분하지 않으며, 주의를 흩트리는 방해 요소에 당신이 어떻게 대응하는지도 다시 생각해볼 필요가 있다. 이 과정이 바로 다음 단계다.

초집중: 방해꾼을 물리쳐 하이라이트를 처리할 시간을 만들어라

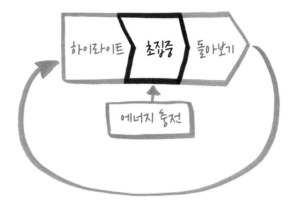

이메일, 소셜 미디어, 뉴스 속보 등 주의를 분산하는 방해꾼들은 어디에나 있고 사라지지 않는다. 기기들을 다 내다 버리고 동굴에 살면서 기술을 전부 끊겠다고 맹세할 수는 없는 노릇이다. 하지만 기술 사용 방식을 재설계하여 수동적인 대응을 반복하는 사이클을 끊을 수는 있다.

이 책에서는 당신이 초집중 모드를 취할 수 있도록 기술을 조절하는 법을 소개하겠다. 소셜 미디어 앱에서 로그아웃하거나 이메일 확인 시간을 정해놓는 등의 간단한 변화가 엄청난 효과를 불러올 수 있다. 우리는 집중을 돕는 구체적인 전술을 제시하려 한다.

에너지 충전: 뇌를 충전하기 위해 몸을 돌보아라

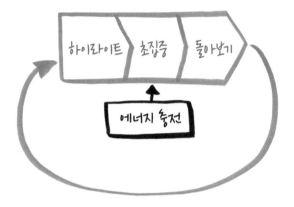

이 모든 일을 하려면 뇌에 에너지가 필요하고, 그 에너지는 몸을 돌보는 데서 나온다.

따라서 메이크 타임의 세 번째 구성 요소는 운동, 음식, 잠, 조용한 휴식, 직접 사람을 만나 대화하며 배터리를 충전하는 것이다. 생각만큼 어렵지는 않다. 21세기의 디폴트 생활 방식은 인간의 진화 역사를 무시하며 에너지를 뺏어간다. 사실 반가운 얘기다. 상황이 너무 엉망이라서 쉽게 고칠 수 있는 것들이 많기 때문이다.

에너지 충전에는 잠깐 낮잠 자기, 얼마간이든 운동을 하는 데 의의 두기, 카페인을 전략적으로 활용하기 등 선택할 수 있는 전술이 많이 소개되어 있다. 운동중독자가 되거나 별난 다이어트를 하라는 소리가 아니다. 원하는 일을 할 수 있는 에너지라는 직접적인 보상을 얻을 수 있도록 실천 가능하고 간단한 변화를 제시하겠다.

돌아보기: 시스템을 조절하고 개선하라

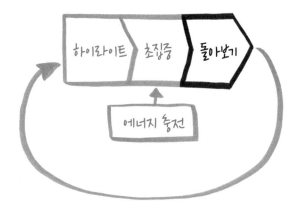

마지막으로, 잠자리에 들기 전에 몇 가지를 기록한다. 엄청나게 간단하다. 계속하길 원하는 전술과 다듬거나 그만둘 전술을 결정하기만 하면 된다. 그리고 오늘 에너지 수준이 어떠했는지, 하이라이트를 실천할 시간을 만들었는지, 무엇에 즐거움을 느꼈는지 돌아볼 것이다.

시간이 지나면서 나만의 습관과 일, 두뇌와 신체, 목표와 우선순위에 맞게 조정된 맞춤형 일상 시스템을 구축할 것이다.

 혹은 롭 베이스 앤드 디제이 이지 록Rob Base and DJ Easy Rock이 남긴 불후의 명언처럼 "선반에서 꺼냈다가 형편없으면 도로 집어넣어라".

메이크 타임 전술들: 선택하고 테스트하고 반복하기

이 책에는 메이크 타임을 실현하기 위한 수십 가지 전술이 소개되어 있다. 당신에게 효과적인 전술도 있지만, 그렇지 않은 것도 있을 것이다(그리고 일부는 그냥 미친 소리처럼 들릴지도 모른다). 이 책은 요리책과 비슷하다. 모든 레시피를 한꺼번에 시도하지 않을 것이고 모든 전술을 한꺼번에 수행할 필요도 없다.

대신 전술을 선택하고 테스트하고 반복하면 된다. 책을 읽어나가면서 시도하고 싶은 전술이 있는지 살펴보고 해당 페이지의 끝을 접어놓거나 종이 한 장에 쭉 기록해두기 바란다. 할 수 있을 것 같긴 한데 약간 도전이 되는 전술을 찾아라. 특히 재미있어 보이는 전술이 좋다.

우리는 메이크 타임을 사용하는 첫날에는 전술을 단계별로 하나씩 시도하라고 권한다. 즉 하이라이트를 처리할 시간을 만드는 새로운 전술 하나, 주의를 분산하는 것들에 대응하는 방식을 바꿔 초집중을 유지할 전술 하나, 에너지를 충전할 전술 하나, 총 세 가지 전술을 시도하는 것이 좋다.

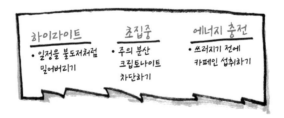

매일 새로운 무언가를 꼭 시도할 필요는 없다. 지금 사용하는 방법이 효과가 있으면 계속 유지하라! 효과가 없거나 더 효과를 낼 수 있다고 생각한다면 하루하루가 실험해볼 기회다. 당신의 메이크 타임 시스템은 완전히 최적화될 것이며 직접 구축했기에 신뢰할 수 있고 기존 생활 방식에도 잘 맞을 것이다.

완벽할 필요는 없다

메이크 타임을 개발하는 동안 우리는 책과 블로그, 잡지, 과학 연구들을 열심히 찾아 읽었다. 그중에는 우리를 겁먹게 하는 내용도 많았다. 우리는 반짝반짝 윤이 날 정도로 완벽하게 생활하는 수백 명과 마주쳤다. 별 노력 없이도 체계적인 경영인, 깨달음을 얻고 마음을 다스리는 요가 수행자, 완벽한 절차에 따라 일하는 작가, 한 손으로는 재빨리 트럼펫 버섯을 팬에 익히며 다른 손으로는 토치로 크렘 브륄레를 굽는 근심 걱정 없는 진행자 등.

스트레스를 받을 만하지 않은가? 우리 중 누구도 언제나 완벽하게 먹고 완벽하게 생산적이고 완벽하게 마음을 다스리고 완벽하게 원기를 회복하지 못한다. 우리는 블로거들이 새벽 5시 이전에 하라고 말하는 57가지 일을 하지 못한다. 할 수 있다고 해도 해서는 안 된다. 완벽은 주의를 흩트리기 때문이다. 완벽은 반짝반짝 빛날지는 몰라도 당신의 진짜 우선순위에서 주의를 뺏어가는 요소다.

메이크 타임에서는 완벽이라는 개념을 잊길 바란다. 메이크 타임을 완벽하게 하려고 시도하지 마라. 세상에 그런 건 없다! 그러면 일을 망쳐버릴 리도 없다. 어쩌다 '절제력을 잃었다고 해도' 처음부터 다시 시작할 필요도 없을 것이다. 하루하루가 백지상태니까.

우리 중 누구도 이 책에 소개한 모든 전술을 항상 사용하지 않는다는 점을 명심하기 바란다. 늘 사용하는 전술이 있는가 하면 가끔 선택하는 전술이 있고, 각자 어느 때든 사용하지 않는 전술도 있다. JZ에게 효과적이던 방법이 제이크에게는 맞지 않던 적도 있고 그 반대 예도 있다. 우리에게는 각자 자신만의 불완전한 공식이 있고 그 공식은 상황에 따라 바뀔 수 있다. 제이크는 여행 갈 때면 스마트폰에 임시로 이메일 앱을 설치하고 JZ는 때때로 넷플릭스를 몰아서 본다고 알려졌다. 〈기묘한 이야기Stranger Things〉는 끝내주게 재밌다! 메이크 타임의 목표는 수도승이 되겠다는 맹세가 아니라 실행할 수 있고 융통성 있는 일련의 습관이다.

'매일' 하겠다는 마음가짐

이 책을 처음부터 끝까지 탐독하고 나면 해야 할 일이 매우 많다고 느낄 수 있다. 건너뛰며 읽어도(우리가 권하는 바다) 마찬가지다. 그러므로 이 전술들을 '해야만 하는 추가적인 일'로 생각하는 대신 일상생활의 일부로 만들 방법을 검토하라. 예컨대 우리가 비싼 헬스센터 회원권을 사거나 매일 아침 한 시간씩 피트니스 수업을 듣는 대신 직장까지 걸어서 출근하고(214쪽) 집에서 운동하라고 (219쪽) 제안하는 건 이 때문이다.

가장 좋은 전술은 당신의 하루에 맞는 전술이다. 억지로 해야 하는 일이 아니라 그저 자연스럽게 하는 무언가여야 한다. 그리고 대부분은 당신이 하고 싶은 일일 것이다.

우리는 메이크 타임이 가장 중요한 일을 할 수 있는 생활 속 빈 공간을 마련하는 데 도움을 주리라고 자신한다. 일단 첫발을 내디디면 메이크 타임이 자기 강화를 한다는 사실을 알게 될 것이다. 메이크 타임은 작은 변화 하나로 시작할 수 있다. 그리고 계속하다 보면 긍정적인 결과들이 결합하여 점점 더 큰 목표를 추구할 수 있을 것이다. 당신이 이미 효율성의 대가라고 해도 지금 잘 돌아가는 일에 주의를 기울이고 만족을 얻는 데 메이크 타임을 이용할 수 있다.

물론 의미 없는 모든 회의에서 당신을 빼내거나 메일 수신함에서 읽지 않은 편지를 마술처럼 0으로 만들어줄 수는 없다. 당신을 선종 지도자로 변신하게 할 생각도 없다. 그러나 당신이 조금 속도를 늦추고 현대세계의 소음을 낮추어 하루하루 더 많은 즐거움을 발견하도록 도울 수는 있다.

하이라이트

Highlight

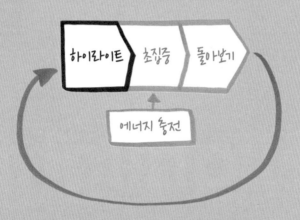

◎

우리는 시절을 기억하는 것이 아니라
순간을 기억한다.

체사레 파베세Cesare Pavese

중요한 일을 할 시간을 만들고 싶다고 했을 때 비지 밴드왜건이라
면 더 많은 일을 하는 게 정답이라고 말할 것이다. 더 많은 일을 끝
내! 더 효율적으로 하라고! 더 많은 목표와 계획을 세워! 이게 네
인생의 중요한 순간에 적용할 유일한 방법이야!

우리 생각은 다르다. 일을 더 많이 한다고 중요한 일을 할 시간
을 만드는 데 도움이 되는 건 아니다. 더 지치고 바쁘다고 느낄 뿐
이다. 날마다 바쁘게 지내면 시간이 흐릿하게 스쳐 지나간다.

이 장에서는 이런 모호한 상태에서 벗어나 속도를 늦추고, 단지
할 일 목록의 다음 항목으로 넘어가기 위해 질주하는 대신 즐기고
기억하고 순간을 실제로 경험하자고 이야기한다. 개념은 굉장히
단순하지만, 우리가 핑핑 정신없이 돌아가는 바쁜 생활 속에서 몇
주, 몇 달을 잃어가며 어렵사리 얻어낸 결과물이다.

# JZ 잃어버린 몇 달

2008년 초, 시카고 역사상 가장 눈이 많이 내린 겨울날이 시작될 무렵이었다. 하루하루가 짧았고 거리는 엉망진창이었다. 출근길은 매일 악천후와의 싸움이었다. 그러던 어느 날 잠에서 깬 나는 충격적인 사실을 깨달았다. 지난 두 달이 도통 기억나지 않아!

놀라지 마시라. 내게 무서운 의학적 문제가 생겼거나 제이슨 본(첩보 영화 '본 시리즈'의 주인공―옮긴이)처럼 CIA 음모에 연루된 건 아니니까. 그래도 여전히 심각한 문제였다. 몇 달이 족적 없이 그저 사라진 느낌이었다.

나는 그 시간을 기억하고 싶었다. 상황이 잘 돌아가고 있었기 때문이다. 내게는 좋은 일자리와 매력적인 여자 친구가 있었고 친한 친구들이 근처에 살았다. 만약 외부에서 내 삶을 바라봤다면 "꿈속에서 사는군"이라고 말했을 것이다. 그렇다면 왜 나는 그 꿈같은 삶의 실체와 분리된 듯한 기분을 느꼈을까?

무엇이 잘못됐는지 알 수 없었지만, 꼭 알아내고 싶었다. 당연히 나는 실험에 착수했다.

먼저 생산적으로 일하는 것에서부터 시작했다. 하루하루를 더 꽉꽉 채우면 기억할 것이 더 많아질 줄 알았다. 2년 전, 빠른 속도로 돌아가는 스타트업에서 일할 때 나는 매시간을 최대한 활용하는 데 사로잡혀 있었다. 그래서 업무를 깔끔하게 계획하고 정리했다. 메일 수신함도 날마다 처리해서 말끔하게 비웠다. 심지어 즉흥적으로 떠오르는 생각이나 아이디어를 포착하려고 주머니에 메모지 뭉치를 넣고 다녔다. 단 한 순간일지라도 생각하는 시간을 낭비해서는 안 돼!

이 방법이 직장에서 효과를 발휘하자 나는 궁금해졌다. 이런 유형의 생산성 도구가 가정에서의 시간을 최대한 활용하는 데도 도움이 되지 않을까? 나는 내 삶을 분류된 할 일 목록, 엄격한 일정표, 터무니없는 문서 정리 시스템으로 해결할 수 있는 문제라 보기 시작했다. 그러나 이 방법은 효과가 없었다. 작은 과제들에 너무 집중하느라 하루하루가 전보다 더 빨리 스쳐 지나갔다. 모호한 상태는 더 심해졌다. 젠장.

그래서 내 접근 방식을 점검해보기로 했다. 이번에는 1분 1초를 강박적으로 관리하는 대신 장기적인 계획으로 관심을 돌렸다. 1년, 3년, 5년, 10년의 목표를 작성한 뒤 여자 친구에게 함께 검토하고 상의하자고 부탁했다(다음 해에 여자 친구와 결혼했기 때문에 나는 그녀가 내 목표 중 적어도 하나를 함께한다고 생각했다).

목표를 설정하는 것이 할 일 목록을 최적화하는 것보다 더 의미 있어 보였다. 그런데도 여전히 헤매는 느낌이 들었다. 이 목표들은 동기부여가 되기엔 너무 먼, 나중 얘기였기 때문이다. 문제가 그뿐만은 아니었다. 만약 내 우선순위가 바뀐다면 어떻게 될까? 그러면 더는 중요하지 않은 목표를 향해 노력하고 있음을 문득 깨닫게 될 것이다. 게다가 '언젠가'를 꿈꾸는 삶은 사기를 떨어뜨렸다. 작가 제임스 클

레어James Clear의 말에 따르면, 나는 본질적으로 "아직 충분히 만족스럽지 않지만, 목표에 도달하면 만족할 거야"라고 말하고 있었다. 내 실험은 효과가 없었다. 나는 하루하루의 자질구레한 일들과 너무 멀리 떨어진 목표 사이에 끼어 있었고, 음울한 2월과 3월의 날씨는 기운을 북돋지 못했다. 하지만 결과적으로 겨울이 끝나고 봄이 왔다가 여름이 되고 새들이 노래하기 시작하자 거의 우연히 내가 찾던 해결책이 보이기 시작했다.

나는 완벽하게 계획된 과제 목록이나 잘 만들어진 장기 계획이 필요하지 않다는 걸 깨달았다. 오히려 시간이 흐릿하게 흘러가지 않도록 하는 것은 단순하지만 만족감을 주는 활동이었다. 예를 들어 나는 매주 금요일, 시내 건너편의 한 식당에서 친구들을 만나 점심을 먹기 시작했다. 나는 일주일 내내 그 시간을 기다렸다. 다른 날은 퇴근 후에 호수를 따라 달리기를 했다. 날씨가 괜찮은 날은 가끔 사무실에서 일찍 나와 항구까지 걸어가 해가 지기 전 몇 시간 동안 요트를 탔다. 긴 하루와 따뜻한 밤은 분명 도움이 되었다. 그해는 내게 딱 적당한 시기에 여름이 왔다. 나는 운 좋게도 하루하루에 의미를 더하는 방법을 발견할 수 있었고 다행히 내 문제의 해결책임을 인식했다.

모호함에서 벗어나도록 도운 것은 사무실 밖에서의 계획뿐만이 아니었다. 그런 활동을 할 시간을 만드는 것이 얼마나 도움이 되는지 알게 된 나는, 내 일을 좀 더 의미 있게 하는 측면에서 생각하기 시작했다. 가능한 한 많은 일을 처리하려고 애쓰거나 퇴근하기 전에 매일 수신함을 비우려고 질주하는 대신, 만족스럽고 중요한 성취에 초점을 맞추었다. 그러던 어느 날 임원들 앞에서 하게 될 큰 프레젠테이션을 기대하는 나 자신을 발견했고, 이런 기분이 친구들과의 점심, 호숫가에서의 조깅, 저녁 요트에서 얻었던 만족감과 비슷하다는 것을 깨달았다. 나는 할 일 목록을 덜 생각하고, 디자인 워크숍을 이끌거나 엔지니어들과 소프트웨어 버그를 고치며 하루를 보내는 등의 중요한 프로젝트들을 더 많이 생각했다.

물론 사람들과의 점심과 업무에서의 중요한 단계들이 내 생활의 전부는 아니었다. 이메일에 답하거나 집을 깨끗하게 유지하거나 기한 전에 도서관에 책을 반납하는 등 끝내야 하는 일상적인 일이 많았다. 그 일들을 처리하긴 했지만 내가 가장 초점을 맞춘 것은 아니었다.

나는 잃어버린 몇 달과 흐릿한 시간에서 벗어나는 데 도움이 된 방법을 돌아보면서 무언가를 이해하기 시작했다. 나는 중요하고 원대한 목표를 생각하길 좋아했고 매 시각 일을 능숙하게 끝냈지만, 그중 무엇도 진정한 만족감을 주지는 않았다. 나는 현재 매달릴 수 있는 무언가(할 일 목록보다는 크고, 5년 후의 목표보다는 작은)가 있을 때 가장 행복했다. 내가 계획을 세우고, 기대하고, 완수했을 때 감사할 수 있는 활동이 가장 필요했다.

다시 말해, 매일 하이라이트가 있어야 했다.

우리는 목표와 과제 사이에 있는 활동에 초점을 맞추는 것이 속도를 줄이고 일상생활에 만족을 불러오며 시간을 만들도록 돕는 열쇠라고 믿는다. 장기적 목표는 올바른 방향을 향해가는 데 유익하지만, 그 과정에서 일하는 시간을 즐기기가 어렵다. 과제는 일을 완료하는 데는 필요하지만, 초점이 없으면 잊히기 쉬운 흐릿한 상태로 훌쩍 지나가 버린다.

과제들

너무 기계적이야.

하이 라이트

딱 적절해.

목표

너무 먼 얘기야.

수많은 자기계발 전문가가 목표 설정을 위한 방법을 제안했고, 수많은 생산성 전문가가 일을 완료하기 위한 체계를 고안했지만, 둘 사이의 공간은 간과해왔다. 잃어버린 이 조각을 우리는 하이라이트라 부른다.

오늘 당신의 하이라이트는 무엇인가?

우리는 당신이 그날 밝게 빛나는 부분이 무엇이길 바라는지 생각하며 하루를 시작했으면 좋겠다. 하루가 끝날 무렵 누군가가 "오늘의 하이라이트는 뭐였나요?"라고 물어오면 뭐라고 대답하고 싶은가? 하루를 돌아봤을 때 어떤 활동이나 성취나 순간을 음미하고 싶은가? 그것이 바로 당신의 하이라이트다.

하이라이트가 그날의 유일한 일은 아니다. 어쨌거나 우리 대부분은 메일 수신함을 무시하거나 상사의 말을 거절할 수 없다. 하지만 하이라이트를 선택하면 기술, 사무실의 디폴트들, 그리고 다른 사람들이 당신의 일정을 좌우하도록 놔두는 대신, 자기 시간을 어떻게 쓸지 주도할 기회가 생긴다. 비지 밴드왜건이 당신에게 날마다 가능한 한 생산적으로 일해야 한다고 다그쳐도 우선순위에 초점을 맞추는 편이 더 낫다. 그렇게 하다가 할 일 목록에 전부 손대지 못한다고 해도 말이다.

하이라이트는 하루하루에 초점을 부여한다. 연구에 따르면, 당신이 하루를 경험하는 방식은 당신에게 일어난 일들로 결정되지 않는다. 실제로는 관심 있는 일을 선택함으로써 현실이 만들어진다.* 당연한 말처럼 들릴 수 있겠지만, 우리는 결정적이라고 생각한다. 어디에 주의를 기울일지 선택함으로써 자기 시간을 설계할 수 있다. 그리고 매일의 하이라이트가 주의의 대상이다.

매일의 하이라이트에 초점을 맞추면 인피니티 풀의 방해와 비지 밴드왜건의 요구 사이에서 줄다리기가 멈춘다. 그리고 세 번째 통로가 열린다. 즉 시간을 쓰는 방식에 의도적으로 접근하고 초점을 맞추게 된다.

• 이 연구와 이를 업무와 생활에 어떻게 적용할지에 관한 멋진 요약본을 보고 싶다면, 위니프레드 갤러거Winifred Gallagher의 《몰입, 생각의 재발견Rapt: Attention and the Focused Life》을 살펴보라. JZ가 가장 좋아하는 책 중 하나다.

하이라이트를 선택하는 세 가지 방법

매일의 하이라이트 선택은 이런 질문과 함께 시작된다.

오늘 무엇이 가장 빛나기를 바라는가?

이 질문에 대답하기가 항상 쉬운 건 아니다. 특히 메이크 타임을 막 사용하기 시작한 때라면 더욱 그렇다. 어쩌면 당신이 엄청나게 흥분하는 일 하나(생일케이크 굽기), 마감이 닥친 일 하나(프레젠테이션 슬라이드 완성하기), 머릿속에서 떠나지 않는 하기 싫은 일 하나(차고에 쥐덫 설치하기)처럼 때로 중요한 과제가 많을 수 있다.

그렇다면 어떻게 결정해야 할까? 우리는 하이라이트를 선택하기 위해 세 가지 전략을 사용한다.

긴급성

첫 번째 전략은 긴급성과 관련 있다. 오늘 해야 하는 가장 긴급한 일은 무엇인가?

이메일과 씨름하고 회의에 참석하느라 몇 시간을 보내고 하루가 끝날 무렵에야 그날 정말로 해야 했던 일을 처리하지 못했음을 깨달은 적이 있는가? 우리는 있다. 그것도 아주 여러 번. 그럴 때마다 울적해진다. 아, 왜 그랬을까….

오늘 절대적으로 꼭 해야 하는 무언가가 있다면 그 일을 하이라이트로 정하라. 할 일 목록이나 이메일이나 일정표에서 종종 긴급한 하이라이트를 찾을 수 있다. 시각을 다투는 중간 규모의(다시 말해 10분 만에 해치울 수는 없지만, 그렇다고 10시간이 걸리지도 않는) 중요한 프로젝트를 찾아라.

다음과 같은 일들이 긴급한 하이라이트가 될 수 있다.

- 견적서를 기다리는 고객에게 이번 주가 끝나기 전에 작성해서 보내기
- 준비 중인 직장 행사의 장소와 출장연회 서비스 제안서 요청하기
- 친구들이 도착하기 전에 저녁식사를 준비하고 요리하기
- 딸이 내일까지 제출해야 하는 중요한 학교 프로젝트를 끝낼 수 있게 돕기
- 가족이 열렬히 보고 싶어 하는 휴가 사진들을 편집해서 공유하기

만족

하이라이트를 선택하는 두 번째 전략은 만족감을 고려하는 것이다. 하루가 끝날 무렵 가장 큰 만족을 안겨줄 하이라이트는 무엇일까?

첫 번째 전략이 끝내야 하는 일에 관한 것이었다면, 이번 전략은 끝내고 싶은 일에 초점을 맞춘다.

우선 할 일 목록을 살펴본다. 하지만 기한과 우선순위를 검토하는 대신 다르게 접근한다. 이번에는 각 하이라이트 후보가 얼마나 성취감을 주는지 고려하면 된다.

긴급하지 않은 활동들을 찾아보라. 손대고 싶었지만 그동안 짬을 내지 못했던 프로젝트들을 검토하라. 어쩌면 당신에게 있는 특별한 기술을 활용하고 싶을 수도 있고 특히 관심 가는 프로젝트를 발전시켜 세상과 공유하고 싶을 수도 있다. 이런 프로젝트들은 자꾸만 뒤로 미루기 쉽다. 중요하긴 해도 시각을 다투지 않기 때문이다. 이런 프로젝트를 하이라이트로 선택해 '언젠가는'을 깨뜨려라.

다음은 만족감을 주는 하이라이트들의 예다.

- 흥미를 느끼는 새로운 업무 프로젝트 제안서를 작성한 뒤 믿을 만한 동료 몇몇과 공유하기
- 다음번 가족 휴가 장소 조사하기
- 쓰고 있는 소설의 다음 장 초안을 1,500자로 작성하기

즐거움

세 번째 전략은 즐거움에 초점을 맞춘다. 오늘을 되돌아봤을 때 가장 즐거움을 느낄 일은 뭘까?

능률을 최대화하기 위해 모든 시간을 최적화하고 조율할 필요는 없다. 메이크 타임에서 우리의 목표는, 당신이 완벽하게 계획된 하루라는 불가능한 환상에서 벗어나 더 즐겁고 덜 대응하는 삶으로 나아가도록 하는 것이다. 즉 그저 좋아하는 일을 해야 한다는 뜻이다.

집에 앉아 책을 읽거나 공원에서 친구와 만나 원반던지기를 하거나 십자말풀이를 하는 등 당신이 선택한 즐거운 하이라이트가 어쩌면 다른 사람들에게는 시간 낭비로 보일 수도 있다. 그러나 우리 생각은 다르다. 시간 낭비는 당신이 의도하지 않은 시간을 쓸 때만 해당한다.

모든 유형의 하이라이트가 즐거움을 가져다줄 수 있다. 몇 가지 예를 들어보겠다.

- 친구 집들이에 가기
- 기타로 새로운 곡 마스터하기
- 유쾌한 동료와의 즐거운 점심식사
- 아이를 놀이터에 데려가기

자신의 직감을 믿고 최상의 하이라이트를 선택하라

그렇다면 어떤 날에 어떤 전략을 사용해야 할까? 우리가 생각하기에 하이라이트를 선택하는 가장 좋은 방법은 자신의 직감을 믿고 긴급성, 즐거움 혹은 만족감 중에서 오늘 어떤 하이라이트가 가장 적합할지 판단하는 것이다.[*]

---

[*] 물론 어떤 일이 세 범주에 모두 속한다면 그 일을 하이라이트로 정하면 될 것이다!

경험에서 얻은 유익한 법칙을 알려주자면, 시간이 60~90분 걸리는 하이라이트를 선택하라는 것이다. 60분 이하는 몰입할 시간이 부족한 반면, 90분 동안 주의를 집중하면 대부분 휴식이 필요해진다. 60~90분이 가장 적합하다. 의미 있는 무언가를 하기에 충분할 뿐만 아니라 스케줄에서 만들어내기에도 적당한 시간이다. 이 장과 책 전체에서 소개하는 전략을 활용하면 선택한 하이라이트를 수행할 60~90분이라는 시간을 마련할 수 있을 것이다.

처음에는 하이라이트를 선택하는 게 좀 이상하거나 어렵게 느껴질 수 있다. 그렇더라도 걱정할 필요 없다. 전적으로 자연스러운 반응이니까. 시간이 지나며 요령을 익히면 하이라이트를 선택하기가 점점 더 쉬워질 것이다. 당신이 메이크 타임을 완전히 망칠 일은 없다. 메이크 타임은 매일 실행하는 시스템이라서 어떤 일이 일어나더라도 언제든 접근 방향을 수정하여 다음 날 다시 시도할 수 있다.

물론 당신이 선택한 하이라이트가 마술을 부리는 건 아니다. 특정한 날 에너지를 어디에 쏟을지 결정한다고 그 일이 자동으로 실행되지는 않을 것이다. 의도하는 것이야말로 당신의 생활에 더 많은 시간을 만들어내기 위한 필수 단계다. 하이라이트를 선택하면 우선순위에 초점을 맞추는 것이 디폴트가 되기 때문에 주의를 분산하는 방해꾼들과 현대생활의 요구에 대응만 하는 게 아니라 중요한 일에 시간과 에너지를 쓸 수 있다.

제이크

하루 가운데 하이라이트를 선택하기에(혹은 변경하기에) 늦은 시간이란 없다. 최근에 나는 실로 형편없는 하루를 보낸 적이 있다. 아침에 《메이크 타임》 원고 100페이지 편집하기'를 하이라이트로 정했지만, 온종일 배관 문제부터 지끈거리는 두통, 예정에 없던 저녁 손님에 이르기까지 나는 갖가지 일에 되는대로 불려 나갔다. 그러나 그날 오후 나는 하이라이트와 내 마음가짐을 바꿀 수 있다는 걸 깨달았다. 그래서 그날의 편집 목표를 버리고 대신 친구들과의 저녁 식사를 즐기는 데 초점을 맞추기로 했다. 이런 선택을 하고 나자 그날 전체가 좋은 쪽으로 바뀌었다. 나는 내려놓고 즐길 수 있었다.

2008년 겨울의 몇 달을 잃어버린 뒤 JZ는 번득이는 영감을 얻어 하이라이트 개념을 착안했다. 일상의 만족이 작은 과제나 높은 목표보다 중간 규모의 하이라이트에서 나온다는 그의 관찰은 우리가 하루를 계획하기 위해 사용하는 철학으로 발전하는 씨앗이 되었다.

이제 우리 두 사람은 매일 하이라이트를 선택하고* 그 의도가 행동으로 바뀌도록 돕는 여러 전술을 떠올린다. 하이라이트를 위

• 음, '거의' 매일이라고 말해야겠다. 절제력을 잃는 날이 있어도 괜찮다는 이야기를 기억하라.

한 일정 짜기(#8)[*]처럼 날마다 채택하는 전술도 있고, 며칠 동안 하이라이트를 일종의 개인적 스프린트로 진행하기(#7)처럼 가끔 선택하는 전술도 있다.

이제 하이라이트를 선택하고 이를 실행할 시간을 만들기 위한 전술을 소개하겠다. 선택, 테스트, 반복이라는 주문을 염두에 두기 바란다. 도움이 되거나 재미있거나 약간 도전적일 것 같은 전술은 기록해둔다. 이제 막 메이크 타임을 시작했다면 한 번에 하나의 전술에 초점을 맞추는 것이 좋다. 그 전술이 효과가 있으면 계속 유지하라. 하이라이트를 선택하고 실행할 시간을 만드는 데 도움이 더 필요하다면 책을 다시 들춰보며 시도하고 싶은 다른 전략을 추가하기 바란다. 자, 그럼 이제 당신에게 가장 중요한 사람과 프로젝트, 일을 밝히러 출발해보자.

• 제이크와 JZ가 설명하는 87가지 전술 번호를 의미한다.

하이라이트 선택하기

1. 하이라이트를 글로 써보기

뻔해 보이는 방법일 수 있다. 하지만 계획을 글로 써보면 거의 마법에 가까운 특별한 힘이 생긴다. 글로 쓴 일은 실현될 가능성이 더 크다. 하이라이트를 실행할 시간을 만들고 싶다면 우선 글로 써보는 것부터 시작하라.

하이라이트 쓰기를 매일의 간단한 의식으로 삼으면 좋다. 하루 중 언제라도 괜찮지만, 저녁(잠자리에 들기 전)과 아침에 쓰는 것이 가장 효과적이다. JZ는 저녁에 긴장을 풀고 쉬면서 다음 날의 하이라이트를 생각하는 걸 좋아한다. 제이크는 아침에 하이라이트를 선택하는데, 때때로 아침식사와 업무 시작 시간 사이에 정한다.

그렇다면 하이라이트를 어디에 기록해야 할까? 선택권은 많다. 하이라이트를 기록하라고 매일 알려주는 앱(maketimebook.com에서 우리가 권하는 앱들을 확인하라)도 있다. 일정표에 행사 항목으로 써넣거나 공책에 쓸 수도 있다. 그러나 한 가지 방법을 선택해야 한다면 우리는 포스트잇의 손을 들어주겠다. 포스트잇은 구하기 쉽고 사용하기 쉬울 뿐 아니라 충전기나 소프트웨어 업데이트도 필요없기 때문이다.

하이라이트를 기록해놓고 다시 보지 않아도 되고 아니면 그날의 하이라이트를 꾸준히 상기시켜주도록 랩톱이나 스마트폰, 냉장고, 책상 등에 붙여놓을 수도 있다.

2. 하이라이트 반복하기[혹은 '어제를 한 번 더 살기']

하이라이트로 뭘 선택해야 할지 잘 모르겠는가? 영화 〈사랑의 블랙홀Groundhog Day〉에 나오는 빌 머레이Bill Murray처럼 어제를 다시 사는 방법도 있다. 이렇게 하이라이트를 반복해서 선택하면 좋은 점이 많다.

- 아직 하이라이트에 손대지 못했다면 아마도 그 일은 여전히 중요할 것이다. 두 번째 기회를 위해 다시 하이라이트로 선택하라.
- 하이라이트를 시작했지만 완료하지 못했거나 하이라이트가 더 큰 프로젝트의 일부분이라면 진전을 이루거나 개인 스프린트(#7)를 시작하기에 오늘이 완벽한 날이다. 다시 하이라이트로 선택해 추진에 가속도를 붙여라.
- 새로운 기술이나 일과를 도입했다면 행동이 확고해지도록 반복할 필요가 있을 것이다. 다시 하이라이트로 선택해 습관으로 만들어라.
- 어제의 하이라이트가 즐거움이나 만족감을 주었다면 그런 기분을 더 누리는 것이 무슨 문제가 있겠는가! 다시 하이라이트로 선택해 즐거운 시간을 이어가라.

매일매일 새로운 모습일 필요는 없다. 일단 당신에게 무엇이 중요한지 확인한 경우, 매일같이 그 일에 초점을 맞추면 그 일이 생활에 뿌리를 내리고 성장하고 꽃을 피우는 데 도움이 될 것이다. 낯간지러운 말 같지만, 진실이다.

3. 삶의 우선순위 매기기

하이라이트 선택에서 막히거나 삶의 우선순위들이 서로 경쟁하고 충돌하는 걸 느낀다면 중요한 일의 우선순위를 매기기 위해 다음 방법을 시도해보라.

준비물

- 펜 한 자루
- 종이 한 장(혹은 스마트폰의 메모 앱)

① 삶에서 중요한 일을 목록으로 만든다

업무상 중요한 일만 말하는 게 아니다. 이 목록에는 '친구'나 '가족' 혹은 '육아'가 포함될 수 있고, (혹은 다른 중요한 일에 관심이 있다면) '데이트' 같은 일이 들어갈 수도 있다. 당신에게 중요한 일이 '업무'처럼 광범위할 수도 있고 '승진'이나 '아폴로 프로젝트'처럼 구체적일 수도 있다. 고려해볼 만한 다른 범주로는 건강, 재정 상태, 개인적 성장 등이 있다.

- 중요한 일만 포함하고 제목은 한두 단어로 쓴다(이렇게 하면 목록 수준을 높게 유지할 수 있다).
- 아직 우선순위는 매기지 말고 그냥 쓰기만 한다.
- 3~10개의 일을 나열한다. 그런 다음….

② 가장 중요한 일 하나를 선택한다

말은 쉽지만 실제로 해보면 어렵다. 하지만 당신은 할 수 있다! 몇 가지 요령을 알려주겠다.

- 가장 급한 일이 아니라 가장 의미 있는 일이 무엇인지 검토한다.
- 가장 많은 노력이나 작업이 필요한 것이 무엇인지 생각한다. 예를 들어 운동은 굉장히 중요하지만 이미 운동하는 습관을 확고하게 들였다면 초점을 다른 곳으로 옮길 수 있을 것이다.
- 마음이 가는 대로 따라가라. 예를 들어 머리로는 '업무'를 '바이올린 수업'보다 앞에 두어야 한다고 생각하지만, 마음은 바이올린을 최우선순위로 삼고 싶을 수 있다. 그렇다면 당신이 원하는 일을 하라!
- 너무 고심할 것 없다. 이 목록이 확정적인 것은 아니다. 언제든 새로운 목록을 만들 수 있다. 다음 달, 다음 주, 내일 심지어 오늘 오후에라도.
- 일단 가장 중요한 일을 선택했다면….

③ 두 번째, 세 번째, 네 번째, 다섯 번째 중요한 일을 선택한다

④ 우선순위에 따라 목록을 다시 쓴다

⑤ 최우선순위에 동그라미를 친다

첫 번째 우선순위에서 진전을 보고 싶다면 가능할 때마다 여기에 초점을 맞추어야 할 것이다. 동그라미를 치면 이 우선순위를 강화하는 효과가 있다. 당신의 결정을 잉크로 표현하는 것에는 상징적인 의미가 있기 때문이다.

⑥ 하이라이트를 선택할 때 이 목록을 활용한다

이 목록을 가까이 두고 무엇에 노력해야 할지 확신이 들지 않을 때 최우선순위를 복기하여 먼저 실행할 일을 결정한다.

제이크

내가 만든 목록 두 가지를 공유하겠다. 첫 번째는 2017년 8월부터 사용한 목록이다.

1. 가족
2. 《메이크 타임》 쓰기
3. 소설 쓰기
4. 조언과 워크숍

한 달 뒤인 9월에 나는 이렇게 목록을 고쳤다.

1. 《메이크 타임》 쓰기
2. 가족
3. 조언과 워크숍
4. 소설 쓰기

보다시피 가족을 2순위로 강등했다. 뭐 이런 사람이 다 있어! 하지만 나는 JZ가 10월에 멕시코로 항해를 떠나기 전에 원고를 끝낼 수 있도록 《메이크 타임》에 전속력을 내야 했다. 그리고 우리 가족은 상황이 좋았다. 아이들은 여름 동안 가족과 함께 다수의 프로젝트를 하고 여행한 뒤 개학했고 우리는 함께 시간을 보내는 유익한 디폴트를 정착시켰다. 가족을 2순위로 옮겼다고 가족을 모른 척하겠다는 뜻이 아니다. 그저 내가 가장 초점을 맞추어야 하는 일에 스스로 솔직해진다는 뜻이다.

4. 사소한 일들 일괄 처리하기

하이라이트가 아닌 일들이 수십 가지 쌓인 걸 뻔히 알면서 하이라이트에 초점을 맞추기는 힘들다. 우리도 같은 문제를 겪었다. 사실 오늘 JZ의 하이라이트는 이 전술에 관한 초안을 끝내는 것인데, 이번 주 안에 그는 밀린 이메일을 처리해야 하고(지난주에 여행을 가느라 이메일 처리가 밀렸다) 회신 전화도 몇 통 걸어야 한다.

다행히 해결책이 있다. 사소한 일들을 묶어 한 번의 하이라이트 시간에 모두 끝내는 것이다. 다시 말해 작은 일들의 일괄 처리를 하이라이트로 정한다. 이번 주 어느 날 JZ의 하이라이트는 '밀린 이메일 처리하기' 혹은 '회신 전화 걸기'가 될 것이다.

이런 사소한 일들이 하이라이트로 적합해 보이지 않을 수 있지만(이메일 처리 시간을 마련할 수 있길 바라는 사람은 없다) 밀린 일을 처리하는 데서 오는 놀라운 만족감이 있다. 그리고 메일 수신함이나 할 일 목록을 0으로 만들려고 수시로 애쓰는 대신, 한번에 모두 처리하면 그런 만족감을 크게 누릴 수 있다.

다만 매일 사용하지는 말 것. 이는 어쩌다 한번 사용하는 전술이며 이렇게라도 하지 않으면 당신의 하루를 침범할 수 있는, 그러나 꼭 필요한 잡일과 과제를 다루는 방법이다. 이 전술의 진정한 힘은 이를 사용하지 않은 날에 깨닫게 될 것이다. 하이라이트에 초점을 맞추는 동안 긴급하지 않은 사소한 과제들은 무시하고 쌓이도록 놔둘 수 있기 때문이다.

전술 배틀: 할 일 목록

기억하라. 모든 사람에게 효과적인 전술은 없다. 우리도 마찬가지다. 어떤 전술이 정말로 효과가 있는지 얘기할 때 가끔 의견이 엇갈린다(내가 에너지를 얻은 게 카페인을 섭취한 뒤 낮잠을 잤기 때문일까? 아니면 그냥 낮잠을 잤기 때문일까?). 때로는 매우 다른 객관적 결과를 내기도 한다. 우리는 의견을 조정하기보다는 여러분이 실험해서 직접 판단할 수 있도록 상충하는 조언을 그대로 제시할 참이다.

그런데 일치하는 의견이 하나 있다. 바로 할 일 목록을 싫어한다는 것! 다 끝낸 일에 체크 표시를 하면 뿌듯한 기분이 들지만 잠깐의 성취감 뒤에는 추잡한 진실이 숨어 있다. 할 일의 대부분은 당신이 아니라 다른 사람의 우선순위에 대한 대응이다. 게다가 아무리 많은 과제를 끝냈다 해도 절대 끝난 게 아니다. 더 많은 할 일이 그 자리를 대신 차지하려고 기다리고 있다. 할 일 목록은 현대인을 괴롭히는, '끝내지 못했다는' 찝찝한 감정을 영구화할 뿐이다.

또한 할 일 목록은 정말로 중요한 것을 가려버릴 수 있다. 우리는 편한 길을 선택하려 든다. 지치거나 스트레스를 받았을 때 혹은 업무에 압도당하거나 몹시 바쁠 때 특히 그렇다. 할 일 목록에는 쉬운 과제들과 어렵지만 중요한 과제들이 뒤섞여 있어서 이런 상황을 더 악화한다. 중요한 일을 미루고 대신 쉬운 일을 끝내고 싶어지기 때문이다.

그렇다고 할 일 목록이 늘 나쁜 건 아니다. 이 목록 덕에 일정을 모두 머릿속에 넣어둘 필요가 없다. 또 모든 일을 한곳에서 볼 수 있다. 할 일 목록은 필요악이다.

따라서 할 일 목록을 싫어하긴 해도 만들기는 해야 한다. 지난 몇 년간 우리 두 사람은 각자 특별한 할 일 목록 기법을 개발했다. 둘 다 당연히 자기 해결책이 최고라고 생각하는데, 판단은 여러분에게 맡기겠다.

5. '할 수도 있는 일' 목록

할 일 목록에 대한 내 해결책은 무엇을 할지에 관한 결정과 실행하는 행위를 분리하는 것이다. 나는 이 접근 방식을 '할 수도 있는 일' 목록으로 부른다. 말 그대로다. 이 목록에는 당신이 할 수도 있는 일들을 나열한다. 어떤 프로젝트들은 당신이 하이라이트로 선택하겠다고 결정하여 일정표에 계획을 잡을 때까지 '할 수도 있는 일' 목록에 계속 들어 있다. 조각 맞추는 과정은 다음과 같다.

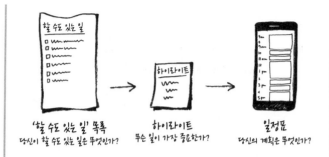

'할 수도 있는 일' 목록
당신이 할 수도 있는 일은 무엇인가?

하이라이트
무슨 일이 가장 중요한가?

일정표
당신의 계획은 무엇인가?

계획을 세워놓지 않았을 때는 특히 가장 편한 길 먼저 생각하려 든다. 하지만 '할 수도 있는 일' 목록에서 중요한 일을 선택해 하루의 하이라이트로 정하고 일정표에 집어넣으면, 시간을 어떻게 사용할지 사려 깊게 결정했다고 인식하게 되고 그러면 당면 과제에 에너지를 쏟을 수 있다.

'할 수도 있는 일' 목록은 사무실이나 개인적인 프로젝트에서 할 일 목록으로 다람쥐 쳇바퀴를 돌지 않도록 도와준다. 2012년에 아내와 나는 우리의 첫 요트를 구매했다가 2016년에 팔고 다른 배를 샀다. 그때 우리는 단지 요트가 아니라 더 큰 프로젝트에 도전하고 있었다. 항해할 준비를 하려면 해야 하는 일이 사소한 작업(수건걸이 설치)부터 고강도 작업(물을 마셔도 안전하도록 배관 소독하기)까지 말 그대로 수백 가지에 달했다. 할 일 목록에 따라 바로 작업했다면 우리는 쩔쩔맸을 것이다. 그 대신 체계를(그리고 제정신을!) 유지하기 위해 '할 수도 있는 일' 목록을 이용하여 쉬운 작업에 하루하루를 낭비하지 않고 중요한 일을 실행할 시간을 만들었다.

이 방법은 어떻게 도움이 되었을까? 요트 작업을 하기 전날에 아내와 나는 '할 수도 있는 일' 목록을 들고 앉아서 우리가 해야 하는 모든 일을 이야기했다. 그리고 하이라이트를 선택하는 세 기준인 긴급성, 만족, 즐거움을 이용해 오늘 할 중요한 작업을 선정했다. 그런 뒤 가능한 한 적정한 소요 시간을 예측하여 일정표에 그 작업을 집어넣었다. 지정된 시간이 되면 우리는 장비와 커피, 그날의 계획을 들고 배에 나타났다. 이렇게 하자 의도와 집중을 유지하는 데 도움이 되었고 깊은 만족감과 성취감을 느끼며 하루하루를 마무리할 수 있었다.

6. 버너 리스트

제이크

나는 JZ의 '할 수도 있는' 프레임워크 개념을 좋아한다. 그러나 내게는 가장 중요한 하이라이트를 선택하고 뒤쫓을 수 있게 도울 더 상세한 무언가가 필요했다. 내가 사용하는 방법은 버너 리스트 Burner List라 부른다. 이 목록은 모든 프로젝트의 온갖 세부 사항을 기록하거나 수많은 과제를 동시에 진행하도록 도와주진 않는데, 바로 이 점이 중요하다. 버너 리스트는 의도적으로 제한을 둔다. 그래서 당신에게 닥치는 모든 프로젝트나 과제를 떠맡을 수 없다는 걸 인정하게 한다. 시간이나 정신적 에너지와 마찬가지로 버너 리스트 역시 제한적이며, 따라서 필요할 때 거절하고 최우선순위에 집중하도록 해준다. 버너 리스트를 작성하는 방법은 다음과 같다.

1. 종이 한 장을 두 단으로 나눈다
빈 종이 한 장을 가져와 중간에 줄을 그어 두 단으로 나눈다. 왼쪽이 당신의 앞쪽 버너고 오른쪽이 뒤쪽 버너다.

2. 앞쪽 버너에 가장 중요한 프로젝트를 써넣는다

앞쪽 버너에는 딱 한 가지 프로젝트나 활동 또는 목표를 둔다. 두 개도, 세 개도 안 되고 단 하나!

왼쪽 맨 위에 가장 중요한 프로젝트의 제목을 쓴 뒤 밑줄을 긋는다. 그 아래 이를 위해 해야 할 일을 나열해본다. 프로젝트를 진전시키기 위해 필요한 어떤 작업이라도 포함해야 한다.

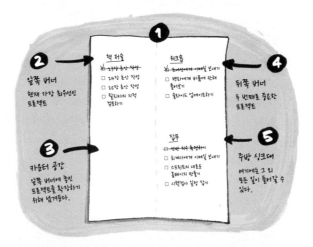

3. 카운터 공간을 남겨둔다

첫 번째 단의 나머지 부분을 비워둔다. 떠올릴 수 있는 모든 과제로 공간을 꽉꽉 채우고 싶은 마음이 들겠지만, 버너 리스트의 목적은 종이 표면을 효율적으로 채우는 것이 아니다. 버너 리스트는 당신의 시간과 에너지를 효율적으로 활용하기 위해 작성하는 것이다. 빈 공간을 남겨두면 중요한 프로젝트를 위해 할 일이 더 생겼을 때 여기에 추가할 수 있다. 하지만 그에 못지않게 중요한 효과는 시각적으로 여분의 공간이 있으면 중요한 일에 초점을 맞추기가 더 쉽다는 것이다.

4. 뒤쪽 버너에 두 번째로 중요한 프로젝트를 써넣는다

오른쪽 맨 위에 두 번째로 중요한 프로젝트를 쓰고 밑줄을 그은 뒤 아래에 관련된 할 일을 나열한다.

버너 리스트 개념은 가스레인지 앞에서 요리할 때처럼 시간과 주의를 할당하자는 것이다. 요리할 때 당신은 자연적으로 앞쪽 버너에 신경의 대부분을 집중한다. 분명 뒤쪽 버너를 의식하고 있고 냄비 안을 휘젓거나 팬케이크를 뒤집으려고 이따금 손을 뻗긴 하지만 활동은 주로 앞쪽 버너에서 한다.

5. 주방 싱크대를 만든다

마지막으로 오른쪽 단의 가운데쯤부터 당신이 해야 하지만 제1 혹은 제2 프로젝트에는 적합하지 않은 잡다한 과제들을 쓴다. 세 번째나 네 번째로 중요한 프로젝트에 포함된 것을 쓰든, 아니면 완전히 무작위로 쓰든 상관없다. 이 과제들은 다른 모든 것과 함께 주방 싱크대에 던져 넣는다.

버너 리스트에는 모든 것이 들어갈 자리가 없다. 중요하지 않은 일들은 놔주어야 한다. 바로 이 점이 중요하다. 나는 중요한 프로젝트 하나, 소규모 프로젝트 하나, 그리고 짧은 잡무 목록이 내가 동시에 실행할 수 있는(혹은 실행해야 하는) 전부임을 알게 되었다. 종이에 다 들어가지 않는 것은 내 생활에도 다 들어가지 않는다.

버너 리스트는 일회용이어서 완료한 할 일 몇 개를 지울 때마다 버릴 수 있다. 나는 보통 며칠에 한 번씩 목록을 '태운' 뒤 계속 다시 작성한다. 이렇게 목록을 재작성하는 것이 중요하다. 그러면 더는 중요하지 않은 미완성 과제들을 폐기할 수 있을 뿐만 아니라 현재 어떤 프로젝트들이 앞쪽 버너와 뒤쪽 버너에 속하는지 재검토할 수 있다. 높은 우선순위를 차지하는 일은 때로 업무 프로젝트일 수도 있고 때로는 개인적인 프로젝트일 수도 있다. 상황이 바뀌는 건 당연하고 문제가 되지 않는다. 중요한 건 앞쪽 버너에는 한 번에 하나의 프로젝트만 놓을 수 있다는 것이다.

자, 그럼 이제 요리를 시작해보자!

7. 개인 스프린트 진행하기

어떤 프로젝트를 시작할 때마다 뇌는 시동을 걸고 관련 정보와 규칙, 절차를 작업 메모리에 로딩하는 컴퓨터와 비슷해진다. 이런 '부팅'에는 시간이 걸리고 새로운 프로젝트를 시작할 때마다 어느 정도 재부팅이 필요하다.

스프린트에서 한 팀이 연속으로 5일 동안 하나의 프로젝트에

공을 들이는 것은 이 때문이다. 정보가 사람들의 작업 메모리에 다음 날까지 남아 있어 과제에 점점 더 깊이 파고들 수 있다. 그리하여 같은 시간을 몇 주, 몇 달에 걸쳐 나누어 썼을 때보다 더 많은 것을 성취할 수 있다.

이런 유형의 스프린트가 단지 팀에만 유용한 것은 아니다. '개인 스프린트'를 진행할 수도 있다. 거실을 페인트칠하건 저글링을 배우건 새 고객을 위한 보고서를 준비하건, 며칠 동안 연속해서 그 일을 계속하면 더 좋은 성과를 내고 더 빠른 진전을 보일 것이다. 그냥 연이어 며칠 동안 같은 하이라이트를 선택하고(필요할 경우 매일 그 일을 단계별로 나눈다) 뇌의 컴퓨터를 계속 가동하면 된다.

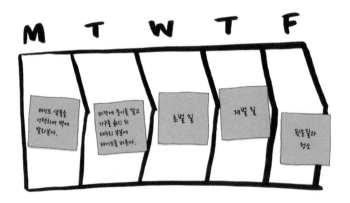

제이크

나는 글쓰기에서 이런 효과를 확인했다. 오래 쉬었다가 글을 쓰기 시작하면 첫날은 힘들기 마련이다. 진도가 많이 안 나가고 그래서 짜증도 난다. 두 번째 날도 여전히 속도가 느리지만 나 자신이 부팅되기 시작함을 느낀다. 세 번째와 네 번째 날에는 몰입한다. 그리고 가속도를 유지하기 위해 할 수 있는 건 뭐든 한다.

하이라이트를 실행할
시간 만들기

8. 하이라이트를 위한 일정 짜기

하이라이트를 실행할 시간을 만들고 싶으면 일정표부터 살펴보자. 이 전술은 하이라이트를 글로 써보기(#1)와 마찬가지로 이보다 더 간단할 수 없을 만큼 쉽다.

> **하나.** 하이라이트에 얼마의 시간을 할당하고 싶은지 생각한다.
> **둘.** 언제 하이라이트를 실행하고 싶은지 생각한다.
> **셋.** 일정표에 하이라이트를 기록한다.

어떤 일정을 잡을 때 당신은 스스로 "나는 이 일을 할 거야"라는 작은 메시지를 다짐하고 약속한다. 하이라이트를 수행할 일정을 잡으면 또 다른 중요한 이점이 있다. 바로 다른 시간을 어떻게 쓸지 정해야 한다는 것이다. 오늘의 하이라이트가 장을 봐서 가족을 위해 저녁을 준비하는 것이라고 해보자. 그러면 당신은 "7시에는 저녁이 준비되어 있어야 해. 아니면 아이들을 제시간에 재우지 못할 거야. 그러니 6시에 요리를 시작해야 하고 그러려면 집에 가는 도중에 마트에 들를 시간이 있도록 5시에는 사무실에서 나가야 해"라고 계산한다. 그리고 일정표의 5시에 행사를 추가하고 '퇴근'이라고 표시한다.

일단 하이라이트의 일정을 잡으면 그 시간은 이미 채워졌으므로 다른 회의를 잡는 등 어떤 활동도 할 수 없다. 그 외 일이 발생하면 하이라이트 근처의 남아 있는 시간에 할당할지 혹은 미뤄도 될지 판단한다. 최우선순위 일이 일정표의 바로 그 자리에 구체화된 것이다.

경력 초반에는 회의가 그리 많지 않았다. 그래서 나는 일정표를 사용해본 적이 없다. 하지만 할 일 목록은 있었다. 출근하면 할 일 목록을 살펴보면서 생각했다. "오늘 뭘 해야 하지? 아, 그거!" 먼저 쉽고 급해 보이는 무언가를 선택한 뒤 일을 시작했다. 하지만 하루가 끝날 무렵이면 종종 실망하곤 했다. 반드시 가장 중요한 일을 한 것도 아니었고 할 일 목록의 일을 모두 끝낸 적도 없었기 때문이다.

그러다 나는 구글에서 일하기 시작했다. 구글에서는 일정표를 공유하지 않고는 일을 할 수가 없다. 회의를 놓치지 않기 위해(구글에는 회의가 많다) 일정표가 필요할 뿐만 아니라 동료들이 당신의 일정표를 확인하고 직접 회의를 추가하여 참석을 청할 수도 있었다.

아이러니하게도 내가 중요한 일을 할 시간을 만들도록 도운 것은 바쁘고 회의가 많은 구글 문화(그리고 일정표 사용 요구)였다. 일정표가 있으니 내가 시간을 어떻게 쓰는지 볼 수 있었고, 내 동료들 또한 이를 볼 수 있었다. 일정표가 정신없이 빼곡해지면서 나는 하이라이트를 위한 시간을 만들고 싶다면 이를 실행할 일정을 먼저 잡아놓아야 함을 깨달았다.

9. 일정표에 차단 구역 만들기

하루를 시작할 때 일정표가 비어 있는 상태라면 가장 에너지 넘치고 집중력이 최고로 높은 이상적인 시간에 하이라이트를 배치할 수 있다. 하지만 빈 일정표로 하루를 시작하는 건 거리에서 1천 달러짜리 지폐를 줍는 것과 마찬가지다. 분명 일어날 수 있는 일이긴 하지만 기대하지 않는 편이 좋다.* 더구나 동료들이 당신의 일정표에 회의를 추가할 수 있는 사무실에서 일한다면 이런 기대는 접어두고 다른 접근 방식을 취해야 할 것이다. 바로 하이라이트가 들어갈 자리를 만들기 위해 매일 '일정을 잡지 않는' 구역을 두는 것이다.

---

* 위키피디아에 따르면, 2009년 5월 30일 기준, 1만 달러짜리 지폐는 336장밖에 없는 것으로 알려졌다. 또 5천 달러짜리 지폐는 342장, 1천 달러짜리 지폐는 16만 5,372장 남아 있다. 그러니 두 눈을 부릅뜨고 살펴보라!

JZ는 이 방법을 친구 그레이엄 젠킨Graham Jenkin에게서 배웠다. 2007년과 2008년, 구글에서 JZ의 상사였던 그레이엄은 JZ한테는 못 하는 게 없는 사람처럼 보였다. 당시 그레이엄은 20여 명의 직원을 관리했는데, 한 사람 한 사람에게 개인적인 관심을 기울이고 요긴한 도움을 주었다. 그뿐만 아니라 구글의 대표 광고 제품인 애드워즈AdWords의 재설계도 이끌었다. 사용자 인터페이스 디자인부터 고객 테스트 및 사양 검토, 엔지니어들과의 조율에 이르기까지 모든 일에 관여했다. 그레이엄이 도대체 어떻게 시간을 내는지 다들 궁금해했고 대부분(JZ 포함)은 그가 일하는 시간이 아주 길 것으로 짐작했다. 하지만 오산이었다.

그레이엄의 하루는 많은 면에서 전형적인 기업 관리자의 일정이었다. 매일이 회의로 꽉꽉 들어차 있었다. 그러나 그의 일정표는 뭔가 특이한 점이 있었다. 오전 6시에서 11시까지를 자신과의 시간으로 잡아놓은 것이다.

그레이엄은 "그건 제 시간입니다. 저는 일찍 일어나 일찍 사무실에 나갑니다. 그리고 헬스장에 갔다가 아침을 먹은 뒤 회의가 시작되기 전 2시간 동안 일하죠"라고 설명했다.

"사람들이 그 시간에 일정을 잡으려고 하지 않나요?" JZ가 물었다.

"간혹 그러긴 하지만 제가 간단명료하게 말합니다. 이미 계획이 잡혀 있다고."

10년 뒤 우리는 하이라이트를 실행하기 위한 시간을 만드는 데 그레이엄의 방법을 사용했다. 그리고 그 과정에서 몇 가지 요령을 더 습득했다.

수비가 아니라 공격을 할 것

'일정을 잡지 않는' 구역을 단지 동료들을 피하거나 회의에서 벗어나는 데만 이용하지 마라. 차단한 시간을 주도적으로 활용하여 에너지를 충전하거나(195쪽 참조) 하이라이트를 실행하는 시간으로 만들어라.

지나친 욕심을 부리지 말 것

일정표에 차단된 구역을 만들라고 했지만 그 구역을 일정으로 꽉꽉 채워서는 안 된다. 차단되지 않은 공간을 남겨 기회를 열어두는 것이 좋다. 그러면 동료들은 당신이 시간 내는 것에 고마워할 것이다. 이 전술을 처음 시작할 때는 매일 한 시간이나 두 시간씩 차단해보고 이후 조절해나간다.

진지하게 받아들일 것

당신이 이 약속을 진지하게 생각하지 않으면 다른 사람들도 그럴 것이다. 차단 구역을 중요한 회의처럼 생각하라. 사람들이 그 시간을 예약하려고 할 때는 그레이엄의 간단하지만 효과적인 응수를 기억할 것! "그 시간엔 이미 계획이 잡혀 있습니다."

10. 일정표를 불도저처럼 밀어버리기

일정표에 차단 구역을 만들 수 없다면 하이라이트를 실행하기 위해 시간을 비우는 또 다른 방법이 있다. 일정표를 불도저처럼 밀어버리는 것이다.

조그마한 불도저가 당신의 일정표를 돌아다니며 행사들을 밀고 있다고 상상해보라. 이 불도저는 한 회의를 15분으로, 다른 회의를 30분으로 압축할 수 있다. 하이라이트 시간을 연이어 2시간 확보할 수 있도록 일대일 미팅을 오전에서 오후로 바꾸거나 혹은 점심식사를 30분 미룰 수도 있다. 심지어 모든 회의를 주중 하루나 이틀에 몰아넣어 다른 날은 혼자 업무를 보게 비워두는 방법도 있다.

상사라면 인턴사원보다 불도저로 밀기가 더 수월하다.* 하지만 그렇지 않더라도 당신은 생각보다 일정표를 더 많이 통제할 수 있다. 사람들에게 중요한 일이 생겼다 말하고 조금 일찍 혹은 조금 늦게 만날 수 있는지, 1시간 동안 회의하는 대신 잠깐 얘기하고 끝내도 되는지 물어본다고 나쁠 건 없다. 실제로 회의가 단축되거나 일정표에서 사라지면 짜릿한 기분을 느낄 수 있다.

우리는 보통 회의 요청이 오면 참석하겠다고 대답하려 노력한

---

* 하지만 당신이 낮잠 시간을 확보하기 위해 분기 전체 총회 일정을 CEO가 변경하도록 만들 수 있다면? 어이, 건투를 빌어!

다. 그렇게 하는 것이 거의 모든 사무실에서 디폴트이기 때문이다. 하지만 모든 회의에 걸리는 시간, 하루 일정표에서 회의가 차지하는 비중, 혹은 당신이 회의에 초대된 것에 그럴듯한 이유가 있다고 생각하지 마라. 사무실 일정은 어떤 거창한 설계에 따라 정해지는 것이 아니라 연못 위에 뜨는 거품처럼 유기적으로 엉기는 것이다. 깨끗이 청소해도 괜찮다.

11. 할 수 있을 때까지 일을 취소하기

눈코 뜰 새 없이 바쁘고 일정이 넘쳐나서 하이라이트 시간을 만들 생각조차 못 하는 날이나 주가 있을 것이다. 이때는 무슨 일을 취소할 수 있는지 자문해보라. 회의를 건너뛰거나 마감을 늦추거나 친구와의 약속을 저버릴 수 있을까?

안다. 우리도 알고 있다. 이런 사고방식이 끔찍해 보인다는 걸. 〈뉴욕타임스〉조차 마지막 순간에 약속을 취소하는 오늘날의 문화를 '바람맞히기의 황금시대'로 부르며 개탄하지 않았는가?

그런데 그거 아는가? 우리는 약속을 취소하는 것도 괜찮다고 생각한다. 대신 그 시간에 가치 있는 무언가를 한다면! 물론 항상 모든 일을 저버릴 수는 없지만, 일정표를 맹목적으로 지키는 것과 신뢰할 수 없는 인간이 되는 것 사이에는 넓은 중간지대가 있다.

그냥 솔직하게 왜 약속을 취소하는지 설명한 뒤 신경을 꺼라.

약속 취소가 장기적으로 좋은 전략은 아니다. 시간이 지나다 보면 하이라이트를 위한 시간을 만들면서도 얼마나 많은 약속을 잡을 수 있는지 감이 올 것이다. 하지만 그동안은 당신의 우선순위를 항상 '언젠가'로 미루는 대신 몇 사람의 심기를 불편하게 하는 편이 낫다. 자, 가서 약속을 취소하라. 가책을 느끼지 마라. 사람들이 불평하면 우리가 그래도 된다고 하더라고 말하라.

12. 거절하기

차단 시간 만들기, 불도저로 밀어버리기, 약속 취소하기는 하이라이트를 위한 시간을 만드는 훌륭한 방법이다. 하지만 낮은 우선순위의 의무에서 벗어나는 가장 좋은 방법은 애초에 이런 일을 받아들이지 않는 것이다.

우리 두 사람에게 거절은 쉬운 일이 아니다. 우리는 디폴트가 '예스'인 부류의 사람이다. 이런 자세는 부분적으로는 친절한 성격 때문이다. 우리는 모두 해줄 수 있길 바라고 도움이 되길 원한다. 그리고 솔직히 말하자면 용기 부족도 한몫한다. '예스'라고 말하는 편이 훨씬 쉽다. 초대나 새로운 프로젝트를 거절하면 마음이 불편하다. 이렇게 솔직하게 거절할 용기가 없는 탓에 우리는 하이라이트를 실행할 많은 시간, 날, 주를 잃어버렸다.

하지만 직접 해보니 디폴트가 '노'일 때 훨씬 더 행복했다. 이렇게 달라지는 데 도움이 됐던 것은 언제든 거절 방법이 떠오르도록 다양한 상황의 대본을 써보는 것이었다.

이미 하이라이트에 완전히 전념해서 정말로 시간이 없는가? 그렇다면 "미안합니다. 중요한 프로젝트 때문에 너무 바빠서 새로운 일을 할 시간이 없어요"라고 대답한다.

새로운 프로젝트에 짬을 낼 수는 있지만 제대로 관심을 기울이지 못할까 봐 걱정되는가? 그럴 때는 "유감스럽게도 저는 이 일을 잘 해낼 만한 시간이 없습니다"라고 말한다.

당신이 즐기지 못할 활동이나 행사에 초대받았는가? 이때는 "초대 감사합니다만 저는 소프트볼을 별로 좋아하지 않아요"라고 거절한다.*

요컨대 친절하되 솔직해지라는 것이다. 수년간 우리는 교모하게 요청을 피하거나 구실을 만들거나 무한정 미루는 방법을 시도해보기도 했다. 하지만 찝찝했고 솔직하지 않았다. 더 나쁜 건 이 방법들은 어려운 결정을 나중으로 미룰 뿐이고 그런 어중간한 선택이 결국 배 밑의 따개비처럼 달라붙어 당신을 짓누른다는 것이다. 그러니 요령은 버리고 따개비를 떼어내 진실을 말하라.

어떤 요구를 거절한다고 해서 앞으로 영영 수락하지 못한다는 뜻은 아니다. 이런 때라도 정말 진심일 때만 이렇게 말하라. "초

---

* 친구에게 거절할 때는 익살스럽게 대놓고 거절할 수도 있다. 친구: "내일 출근하기 전에 트랙 몇 바퀴 돌래?" 당신: "절대 싫어!"

대해주셔서 정말 감사합니다. 다음에 꼭 같이했으면 좋겠어요."

"제 도움을 청하시다니 저한텐 의미가 큽니다. 나중에 함께 일할 수 있길 바랍니다."

우리 친구 크리스틴 브릴란테스Kristen Brillantes는 거절할 때 그녀가 '사우어패치 키즈Sour Patch Kids'(신맛으로 유명한 젤리형 캔디— 옮긴이)라고 부르는 방법을 쓴다. 이 캔디처럼 크리스틴의 대답은 처음에는 시지만 끝은 달콤하다. 그녀는 "유감스럽게도 내 팀은 참여할 수 없을 거예요. 하지만 X 팀에게 물어보세요. 그 팀이 이런 행사에 딱 맞을 겁니다"라고 대답한다. 크리스틴에 따르면, 이때 달콤한 끝 맛이 공허한 첨가물이 아니라 진짜가 되게 하는 것이 핵심이다. 가능한 한 크리스틴은 그 초대가 멋진 기회가 될 만한 능력이나 관심이 있는 다른 사람을 연결해준다. 그렇지 않은 때는 격려나 감사를 표한다. "저를 떠올려주셔서 감사합니다. 정말 재밌겠는걸요" 같은 간단한 말도 큰 도움이 된다.

13. 하루 설계하기

구글벤처스에서 스프린트를 진행할 때 우리는 하루를 시간대별로, 심지어 분 단위로 계획했다. 모든 스프린트는 우리의 공식을 완벽하게 다듬을 수 있는 또 다른 기회였다. 우리는 업무의 변화를 온종일 추적하여 사람들의 에너지가 떨어졌을 때, 상황이 너무 빨리 혹은 너무 느리게 진행될 때 그에 따라 조절했다.

일정표에 차단 구역을 만들어 하이라이트를 넣는 것은 시간을 만드는 좋은 방법이다. 거기에다 우리가 진행한 스프린트에서 배운 것들을 적용하여 하루 전체를 설계하면 능동적이고 의도적인 사고방식을 또 다른 차원으로 끌어올릴 수 있다. JZ는 수년 동안 이렇게 해왔고 일정표의 시간을 다음과 같이 구성한다.

그렇다. JZ의 일정표는 상세하다. 굉장히 상세하다. 그는 커피를 내리고 샤워하는 시간까지 차단해두었다. JZ는 자기 시간을 거의 매일 이렇게 설계한다. 그리고 저녁에 하루를 되돌아보며 자신이 짠 일정에서 효과적이었던 것과 그렇지 않았던 것을 재빨리 평가하고 계획과 비교하여 실제로 시간을 어떻게 보냈는지 살펴본다. 그런 뒤 앞으로의 일정을 조절한다.

빽빽한 일정을 사는 것이 성가셔 보일 수도 있다. "이봐, 자유와 자발성은 대체 어디 있는 거야?" 하지만 체계화된 하루가 실제로는 자유를 만들어낸다. 계획이 없으면 다음에 뭘 할지 끊임없이 결정해야 하고, 해야 하거나 할 수 있는 일을 생각하느라 주의가 산만해질 수 있다. 하지만 완전히 계획된 하루는 그 순간에 집중할 자유를 준다. 다음에 뭘 할지 생각하는 대신 그 일을 어떻게 할지에 집중할 수 있는 것이다. 당신은 과거의 자신이 정한 계획을 신뢰하며 몰입하면 된다. 이메일을 확인하기에 가장 좋은 시간은 하루 중 언제일까? 시간은 얼마나 걸릴까? 이런 문제에 실시간으로 대응하지 않고 대답을 미리 설계할 수 있다.

제이크

새라 쿠퍼Sarah Cooper는 내 롤모델이다. 몇 년 전 새라는 구글을 떠나 전업 작가이자 코미디언이 되었다. 자신의 웹 사이트 '쿠퍼 리뷰The Cooper Review'에 배꼽 잡는 게시물을 올리기 시작해 수백만 독자를 확보하고 책 세 권을 계약했다. 그래서 구글을 그만두었을 때 나는 자연스럽게 새라를 찾아가 사무실에서 일하지 않는 지금, 일정을 어떻게 짜는지 조언을 구했다.

새라의 비결은 하루를 시간대별로 설계하여 확실하고 예측 가능한 일정을 정하는 것이었다. 그녀는 공책을 이용해 일정을 계획하고 나중에 실제로 한 일과 끝내지 못한 일을 평가했다. "이 방식은 그날 일을 끝낼 시간이 충분하다는 걸 알게 해주죠. 저는 할 일 목록을 쓰는 대신 30분 단위로 하루를 계획해요."

나는 이 아이디어가 맘에 들었고 JZ가 유별나게 열성적으로 일정표를 세세하게 관리하는 걸 알았기 때문에 한번 시도해보기로 했다. 나는 달력이나 일기장 대신 칼 뉴포트Cal Newport가 《딥 워크Deep Work》에서 추천한 접근 방식을 사용했다. 빈 종이 한 장에 내 일정을 쓴 뒤 다음과 같이 상황이 바뀌거나 진행됨에 따라 다시 계획을 세우는 방식이다.

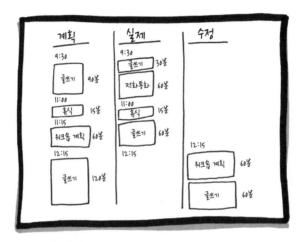

이 방법은 효과가 있었다. 계속 다시 설계하니 내가 시간을 어떻게 쓰는지 감이 잡혔고 글쓰기에 가장 좋은 시간이 언제인지 알 수 있었다. 또 일과를 정하는 데도 도움이 되었다. 이제 나는 상황이 제대로 안 돌아갈 때면 뭘 해야 하는지 안다. 하루를 다시 설계할 시간인 것이다.

전술 배틀: 아침 vs. 밤

낮에 하이라이트를 실행할 시간을 내지 못할 때는 이른 아침이나 늦은 저녁에 얼마간 빈 시간을 만들 수도 있다. JZ는 원래 올빼미 체질이지만 아침형 인간으로 바뀌었다. 제이크는 이런 변신이 힘들어서 밤을 최대한 활용한다. 우리가 사용한 전략을 소개한다.

14. 아침형 인간 되기

2010년에 나는 아침형 인간이 되기로 결심했다. 쉬운 일은 아니었다. 나는 일찍 일어나야 할 때마다(회의나 행사, 혹은 수업에 가기 위해) 침대에서 빠져나오느라 고생하곤 했다. 항상 늦어서 허겁지겁했고 좀비 같은 흐릿한 피로가 숙취처럼 온종일 어른거렸다.

하지만 나는 아침이 가진 잠재력에 매료되었다. 그 이른 시간이 꼭 선물처럼 보였다. 내 하이라이트를 실행하고 하루를 준비할 수 있는 2시간의 '자유' 시간이라니! 게다가 아침형 인간이 되면 이른 아침 회의가 기본인 회사에 다니는 아내와 보내는 시간도 늘어날 터였다. 나는 미셸과 스케줄이 다른 걸 싫어했다. 그런 스케줄을 따르면 우리 둘이 함께하는 시간이 줄어들었다.

타고난 올빼미 체질인 나는 예전에 이른 아침이면 느끼던, 정신이 흐릿하고 집중이 안 되는 상태를 피하기 위해 계획이 필요하다는 걸 알았다. 그래서 다른 사람들이 효과를 본 방법을 조사하여 간단한 실험을 해보기로 마음먹었다.

이 시도는 결실을 보았다. 나는 두 가지 쉬운 요령의 도움을 받아 전형적인 올빼미형 일과(자정이나 그 이후까지 화면을 뚫어지게 쳐다보거나 디자인 일을 하거나 글을 쓰거나 코딩하기)를 일찍 잠자리에 들었다가 일찍 일어남으로써 조용한 아침 시간을 하루의 하이라이트를 위해 사용하는 흔치 않은 일과로 바꾸었다.

일찍 일어나고 싶은 올빼미들과 공유하는 요령 몇 가지!

빛, 커피, 할 일로 시작하라

잠에서 깨는 데 빛의 중요성을 과소평가하지 마라. 인간의 몸은 밝을 때 일어나고 어두울 때 자게 되어 있다. 업무 전에 하이라이트를 위한 시간을 만들고 싶다면 해가 뜰 때까지 기다려서는 안 된다. 당신이 어디에 살건 거의 대부분 동이 트기 전에 일어나야 한다. 그래서 나는 일어나면 집 안의(혹은 배에서 생활할 때는 배 안의) 불을 전부 켠다. 그리고 일어난 지 한두 시간 후에 해가 뜨더라도 항상 일출을 보려고 노력한다. 캄캄하던 하늘이 밝아오는 모습을 보면 밤에서 아침으로 바뀌는 시간이라는 것이 와 닿는다.

내게는 커피도 굉장히 중요하다. 물론 카페인이 필요해서이긴 하지만, 커피 준비는 내 아침에서 빼놓을 수 없는 중요한 일과다. 물을 끓이고 원두를 간 뒤 필터를 끼우고 커피 가루를 넣은 다음 물을 붓는 간단한 푸어오버 방식으로 커피를 내리는 데 15분이 걸린다. 이 과정은 기계를 사용할 때보다 노동력이 많이 든다. 바로 그 점이 중요하다. 천천히 커피를 내리는 의식은 의지력이 낮은 시간에 내가 무언가에 열중할 수 있게 해준다. 커피를 만들지 않으면 그 시간에 이메일을 확인하거나 트위터를 봤을 텐데, 그랬다가는 대응만 하는 비생산성의 소용돌이에 휘말렸을 것이다. 대신 나는 부엌(혹은 조리실)에 서서 천천히 잠에서 깨어나며 내 하루를 생각한다. 그리고 신선한 커피를 즐기면서 하이라이트에 착수할 준비를 한다.

아침에 할 일을 만들면 일찍 일어나는 데 도움이 되지만, 내게는 그 일이 일찍 일어나는 이유였다. 아침에 맨 먼저 그날의 하이라이트를 실행하지 않는 날에도 나는 동이 트기 전에 시간을 만들 명분을 찾는다. 운동은 아침에 하기 좋은 활동이다. 설거지나 셔츠 다리기 또는 집을 정리하는 일도 잠을 깨고 생산적이라고 느끼면서 하루를 시작하는 데 도움이 된다.

하지만 빛과 커피, 할 일이 있다고 해도 저녁 일과를 어느 정도 조절하지 않으면 아침에 일찍 일어나기는 어렵다.

밤을 미리 설계하라

먼저 당신에게 수면 시간이 얼마나 필요하고 실제로 얼마나 자는지 정직하게 평가하는 것으로 시작해보자. 나는 7~8시간 자고 일어났을 때(때로는 9시간인데, 특히 겨울에 그렇다) 컨디션이 가장 좋다. 평소 오전 5시 30분쯤에 일어난다. 밤 9시 30분쯤에는 잠자리에 들어야 한다는 뜻이다. 올빼미형 인간이라면 이렇게 일찍 자는 게 불가능하다고 생각할지 모른다. 나도 그랬다. 하지만 우리의 디폴트 취침 시간을 정하는 것은 우리 몸이 아니라 사회다. 디폴트를 재설정하고 싶다면 다음의 몇 가지 요령이 도움이 될 것이다.

음식과 음료가 당신의 수면에 어떤 영향을 미치는지 주의 깊게 살펴보라. 알코올이 수면의 질을 향상해주는 듯이 느껴져도 실제로는 그렇지 않다는 증거가 많다. 알코올은 특히 렘수면을 방해한다. 나는 저녁을 먹은 뒤 다크초콜릿을 즐겼지만(#69) 이 초콜릿의 놀라운 카페인 함량을 비싼 대가를 치르고 배웠다.

마지막으로, 환경을 차분하게 조절하여 몸에 '취침' 시간임을 알려주어라. 나는 일단 조명을 낮추는 것으로 시작한다. 부엌과 현관의 주변 등을 끈 뒤 거실과 침실의 플로어 스탠드를 켠다. 내가 가장 좋아하는 (그리고 단연코 가장 바보 같은) 일과는 손수 하는 턴다운 서비스(호텔에서 고객의 취침 직전에 정리정돈과 잠자리를 돌봐주는 서비스—옮긴이)다. 매일 저녁 7시쯤에 나는 침실의 커튼을 치고 장식 베개를 치운 뒤 이불을 걷어둔다(#84 '가짜 일몰 꾸미기'를 확인하라).

오전 5시 반에 일어나는 게 항상 쉽지는 않지만 나는 아침을 사랑하게 되었다. 그리고 그 보상은 대단했다. 대부분 아침 9시 반이 되면 나는 이미 생산적인 일을 한 시간 했고, 샤워와 옷 입기를 끝냈고, 2마일을 걸었고, 아침을 먹었고, 커피까지 두 잔 마셨다.

아침형 인간이 모든 사람에게 적합한 건 아니다. 어떤 사람들은 밤에 시간을 내는 쪽이 더 성공적일 것이다. 그래도 한번 시도해볼 만한 가치는 있다. 어쨌거나 나도 직접 시도해보기 전까지는 내가 아침형 인간이 될 수 있을지 몰랐다. 때로 우리는 간단한 전술과 실험적인 사고방식을 생활에 적용해보기 전까지 자신이 무엇을 할 수 있는지 모른다.

15. 밤은 하이라이트를 위한 시간!

 제이크

우리는 유전적으로 아침형 인간 또는 야행성 인간의 성향을 띤다. 이런 생각은 과학적 근거가 아니라 지난 몇천 일 동안 내 아들들을 직접 관찰한 데서 나왔다.

맏이인 루크는 노래를 부르며 잠에서 깨는 아침형 인간이다. 아침을 먹을 때면 분당 약 2,600개에 이르는 단어를 말한다. 커피도 안 마시고! 반면 둘째 플린은 야행성 인간이다. 아침에는 정신이 없고 화가 나 있다. 오전 8시 전에 말을 걸면 내 가랑이를 때려버릴 것이다. 이해한다. 나 역시 야행성 인간이니까. 아침형 인간이 되는 JZ의 전략을 나도 시도해봤지만, 아이들이 방해하는 바람에 늘 좌절했다. 매우 실망스러웠다. 가족이 있고 매일 출근해야 하는 직업이 있으니 낮에 방해받지 않고 내 하이라이트를 실행할 시간을 찾기가 어려웠다. 아침 시간을 이용할 수 없다면 다른 어딘가에서 시간을 만들어야 했다.

그래서 야행성 인간이 되는 쪽이 낫겠다고 판단했다. 나는 밤 9시 반(아이들이 잠드는 시간)부터 11시 반(내가 잠자리에 드는 시간) 사이가 정신을 집중하기에 완벽한 시간이 될 수 있다는 걸 알게 되었다. 그 전에는 밤 시간을 진지하게 생각해본 적이 없지만, 내가 그 시간을 효과적으로 쓸 수 있기만 하면 두 시간이라는 보너스가 내 것이었다.

가장 큰 문제는 밤 11시 반까지 깨어 있는 건 쉬워도 종종 내 배터리가 고갈된다는 것이었다. 중요한 일을 할 만한 집중력이 없으니 나는 이메일을 확인하고 시애틀 시호크스Seattle Seahawks(북아메리카 프로미식축구리그NFL에 속한 미국의 프로미식축구팀 — 옮긴이)에 관해 읽는 등 에너지가 적게 들고 보상도 적은 활동을 하며 이 보너스 시간을 낭비했다.

이 문제를 어떻게 해결할지 알아내는 데 시간이 좀 걸렸지만, 결국 나는 밤 시간을 하이라이트를 위한 시간으로 바꾸는 3단계 전략을 찾았다.

먼저 에너지를 충전한다

밤늦게까지 자지 않고 어떤 프로젝트를 할 계획이라면 먼저 진짜 휴식을 취해 머리를 맑게 한다(#80). 막내가 잠든 뒤(저녁 8시 30분 무렵)에 나는 아내, 맏아들과 함께 앉아 영화를 좀 보거나 소설을 몇 페이지 읽는다. 아니면 주방을 청소하고 거실의 장난감들을 치운다. 이런 활동을 하면 내 머리가 '바쁨 모드'에서 벗어나 정신적 배터리가 충전된다. 열심히 이메일을 확인하거나 낚시 기사를 읽거나 몰아보기의 블랙홀로 나를 빨아들이게 설계된 강렬한 텔레비전 쇼를 보는 것과는 큰 차이가 있다. *

온라인을 끊는다

9시 30분쯤이 되면 나는 하이라이트 실행 모드로 바뀐다. 보통은 글을 쓰지만 때로는 프레젠테이션이나 워크숍을 준비한다. 배터리를 급하게 충전하긴 했지만, 대개 집중력이 100퍼센트 상태가 아니라서 인터넷에 베케이션 타이머vacation timer(전등과 전자기기들이 특정 시간에 켜지고 꺼지도록 설정할 수 있는 장치 — 옮긴이)를 연결하여(#28) 최소한의 의지력으로도 글쓰기에 집중할 수 있도록 한다.

긴장 푸는 걸 잊지 말라

나는 늦은 밤에 일한 뒤 머리를 식히지 않으면 잠을 망쳐버린다는 것을 어렵사리 배웠다. 불빛을 어둑하게 하는 것(#84)도 도움이 되지만 가장 중요한 건 내가 호박으로 바뀌기 전에 잠자리에 드는 것이다. 내게 그 마법의 시간은 밤 11시 30분이고 그때까지 잠자리에 들지 않으면 다음 날 종일 기운 없이 헤매게 된다.

● 몰아보기나 손에 땀을 쥐게 하는 드라마에 대한 과학적이고 통찰력 있는 견해는 애덤 알터Adam Alter의 《저항 불가: 우리를 중독시키는 기술과 사업의 부상Irresistible: The Rise of Addictive Technology and the Business of Keeping us Hooked》을 참조하기 바란다.

16. 완료했을 때는 손 떼기

하루를 끝낼 시간이 되었는데도 손에서 일을 내려놓기 어려울 때가 있다. 비지 밴드왜건이 '딱 하나만 더'라는 사고방식을 부추기기 때문이다. 이메일 하나만 더 처리하자, 할 일 하나만 더 끝내자. 많은 사람들이 너무 지쳐 도저히 계속할 수 없을 때가 되어서야 일을 내려놓고, 심지어 그때도 이메일을 다시 확인한 뒤 침대로 간다.

우리는 스스로 덫에 빠졌다. 비지 밴드왜건은 '딱 한 가지 일만 더'라는 사고방식이 책임감 있고 부지런한 것이라고 우리를 능숙하게 설득한다. 또 남들에게 뒤처지지 않으려면 이 방법밖에 없는 듯 보이기도 한다.

하지만 사실은 그렇지 않다. 지쳐 떨어질 때까지 일하면 우선 순위를 정하고 최고 성과를 내는 데 필요한 휴식을 빼앗기기 때문에 뒤처질 가능성이 더 커진다. 하나라도 더 하려고 꾸역꾸역 애쓰는 것은 기름이 떨어져가는 차를 운전하는 것과 비슷하다. 액셀러레이터를 얼마나 오래 밟는지와 상관없이 연료 탱크가 비어 있으면 어디에도 가지 못하리라. 차를 세우고 연료를 보충해야 한다.

스프린트에서 우리는 사람들이 녹초가 되기 전에 하루를 끝내면 그 주의 생산성이 극적으로 증가한다는 사실을 발견했다. 30분만 일찍 끝내도 큰 차이가 나타났다.

그렇다면 언제 일을 중단해야 할까? 모든 이메일에 답을 보내거나(말도 안 된다) 모든 과제를 끝내려고(꿈같은 얘기다) 노력하는 대신 자신의 결승선을 정해놓아야 한다. 당신도 일을 멈추기에 딱 좋은 시간을 알아낼 수 있을 것이다. 스프린트에서는 오후 5시를 마감 시간으로 정했다.

혹은 하이라이트를 활용하는 방법도 있다. 일을 중단할 시간이 다가오면 그날의 하이라이트를 완수했는지 생각해보라. 완수했다면 그날의 가장 중요한 일을 해냈으니 쉴 수 있다. 얼마나 많은 일을 했건 하지 못했건 혹은 얼마나 오랜 시간을 일했건 일하지 않았건 간에 즐거움이나 성취감 또는 만족감을 느끼면서(혹은 세 감정을 모두 느끼며) 하루를 돌아볼 수 있을 것이다.

그리고 하이라이트를 끝내지 않았다면 (바라건대) 예측하지 못한 뭔가 아주 중요한 프로젝트가 생겼기 때문일 것이다. 그렇다면 꼭 필요하고 급한 일을 했다는 것에 만족감을 느끼면 된다. 잘했어! 이제 메일 수신함은 무시하고 오늘 일은 여기에서 마치자.

2005년에 나는 시카고의 한 기술 관련 스타트업 기업에서 일하기 시작했다. 사무실에서 풀타임으로 일한 건 처음이어서 난생처음으로 하루 동안의 에너지 관리법을 파악해야 했다. 얼마 지나지 않아 나는 점심식사 전에 집중하는 편이 더 쉽다는 걸 알게 되었다. 그래서 늦은 시간에 그리 어렵지도 않은 일과 씨름하고 있다면 일단 그만두었다가 아침에 다시 시작하라고 스스로에게 허락했다. 다음 날 아침이면 거의 항상 그 일을 수월하게 해냈는데, 전날 밤 걸렸을 시간보다 훨씬 짧은 시간에 끝냈다. 나는 체력이 바닥날 때면 힘내려고 애쓰는 대신 녹초가 됐을 때 일을 중단하여 연료를 보충했다.

Laser

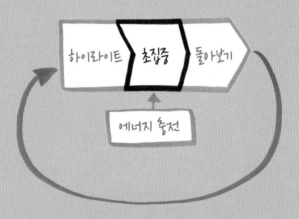

하이라이트   초집중   돌아보기

에너지 충전

◎

주의를 기울이는 것,
이것이 우리가 끝없이 해야 하는 적절한 일이다.

메리 올리버Mary Oliver

자, 당신은 하루의 하이라이트를 선택하고 빽빽한 일정표에서 하이라이트를 위한 시간을 만들었다. 이제 그 시간이 되었으니 집중해야 한다. 그리고 이것은 당연히 어렵다.

이번 장에서는 초집중이라는 정신 상태를 다룬다. 초집중 모드에 있을 때 당신은 표적을 비추는 레이저 빔처럼 현재에 주의를 집중하고 그 순간에 완전히 빠져 몰입한다. 이렇게 하이라이트에 초강도로 집중할 때면 굉장히 환상적인 기분이 든다. 이런 기분은 중요한 일을 주도적으로 선택한 데 대한 보상이다.

초집중이란 말이 과격하게 들릴 수도 있지만, 하이라이트를 선택하고 시간을 비워두었다면 복잡할 일이 없다. 관심을 가진 일을 하고 집중할 에너지가 있다면 자연스레 초집중 모드로 돌입한다.

하지만 그렇지 않으면… 주의가 분산된다. 주의 분산은 초집중 모드의 적이다. 당신이 쏜 레이저 빔이 지나는 길에 놓인 거대한 디스코볼 같아서 표적만 제외하고 사방으로 빛이 퍼져나간다. 이럴 땐 결국 하이라이트를 실행하지 못하기가 쉽다.

당신은 어떤지 잘 모르겠지만 우리 두 사람은 금세 주의가 분산되곤 한다. 그것도 자주. 우리는 이메일에 주의를 뺏긴다. 트위터에도 뺏기고, 페이스북에도 뺏긴다. 스포츠 뉴스, 정치 뉴스, IT 뉴스에 솔깃하고, 완벽한 GIF 파일(움직이는 이미지 파일)을 찾느라 정신이 팔린다. 심지어 이 장을 쓰는 중에도 정신이 산만해졌다.*

우리에게 너무 가혹한 잣대를 들이대지 말길! 어쨌거나 온통 주의를 빼앗아가는 세상이 아닌가. 메일함이나 웹, 또는 주머니 속에서 반짝거리는 스마트폰에는 끊임없이 새로운 무언가가 올라온다. 한마디로 거부하기가 어렵다. 애플에 따르면 사람들은 하루 평균 80번 정도 아이폰을 잠금 해제 한다고 한다. 또 디스카우트 Dscout가 2016년에 진행한 조사에서는 사람들이 하루 평균 2,617번 스마트폰을 터치하는 것으로 나타났다.

이런 세상에서 의지력만으로는 집중력을 보호하기에 충분하지 않다. 당신을 믿지 못하거나 우리의 약한 모습을 정당화하려는 게 아니다. 이런 말을 하는 것은 당신이 봉착한 문제를 정확하게 알고 있기 때문이다. 기억하라. 우리는 최고의 흡인력을 자랑하는 인피니티 풀을 두 개나 구축한 사람들이다. 주의 분산 사업

---

* 결국 원고 집필로 돌아가긴 했다.

을 내부에서 지켜봤기 때문에 이 문제가 왜 그렇게 저항하기 힘든지, 그리고 통제력을 되찾으려면 기술 사용법을 어떻게 재설계해야 하는지 잘 알고 있다. 우리 이야기를 들려주겠다.

 제이크 이메일과의 연애

이메일을 처음 본 순간(고등학교 신입생이던 1992년)부터 나는 이메일이 지구에서 거의 최고로 멋진 기술이라고 생각했다. 메시지를 타이핑한 뒤 '보내기'를 누르면 단어들이 빛의 속도로 이동하여 곧바로 다른 컴퓨터에 나타난다. 그 컴퓨터가 길 아래에 있건 지구 반대편에 있건 상관없다. 대단해!

이메일이 아직 소수 사람만 아는 틈새 기술일 때 나는 여자아이들에게 이메일을 소개해서 깊은 인상을 남기려고 했다. "거기 숙녀분들, 이건 끝내주게 초현대적으로 연락을 주고받는 방법이야. 나한테 이메일을 보내면 내가 답을 보낼게." 뜻밖에도 이 전략은 성공을 거두지 못했고 나는 오랫동안 가능성에 감탄하는 것 말고는 이메일로 (혹은 여자아이들과) 할 수 있는 일이 별로 없었다.

물론 이메일은 이후 인기를 얻었다. 2000년에 처음으로 사무실에서 풀타임으로 일하는 자리를 얻었을 때 이메일은 내게 주된 소통수단이었다. 당시 나는 이메일을 주로 지루한 업무에 이용했지만, 지구를 가로지르며 쌩 하고 날아가는 전자우편에 마법 같은 무언가가 있다는 생각에는 변함이 없었다.

그러니 2007년 구글에 입사해 지메일 팀에 합류할 기회를 얻었을 때 내게 다가온 행운이 도무지 믿기지 않았다. 우주비행사 자리를 구했다 한들 그보다 더 흥분되지는 않았을 것이다.

나는 더 유용하고 사용하기 쉬운 지메일을 위해 부지런히 디자인했다. 메일을 자동으로 정리하는 시스템 같은 기능적인 요소뿐만 아니라 사용자들이 메일함을 자신에게 맞출 수 있는 시각적 테마와 메시지에 이모티콘을 추가하는 도구 등 재미있는 요소도 다루었다.

우리는 지메일이 최고의 이메일 서비스가 되길 바랐다. 발전을 측정하는 가장 확실한 방법은 얼마나 많은 사람이 지메일을 사용하는지, 그리고 얼마나 자주 사용하는지를 보는 것이었다. 사람들이 새 계정을 만들고 나서 계속 사용하는가, 아니면 사용을 단념하는가? 지메일을 좋아한다고 확신할 만큼 자주 접속하는가? 우리가 구축한 멋진 기능들이 유용한가? 집계된 산더미 같은 데이터를 분석하면서 이에 대한 답을 알아낼 수 있었다.

우리는 지메일의 성장을 보았고 사람들이 계속 관심을 둘 만큼 우리가 지메일을 '흡인력 있게' 만들고 있는지 알 수 있었다. 나는 이 일을 사랑했다. 하루하루가 신났다. 모든 개선 사항은 수백만 명의 생활을 아주 조금 더 편하게 만들었다. 진부한 소리 같겠지만, 나는 내가 세상을 좀 더 나은 곳으로 만드는 데 일조한다고 믿었다.

 JZ 유튜브 재설계하기

2009년에 나는 유튜브를 고양이나 스케이트보드 타는 개들의 재미있는 영상을 보러 가는 곳쯤으로 알았다. 솔직히 말하겠다. 처음 디자이너로 팀에 합류해달라는 연락이 왔을 때는 사실 별로 구미가 당기지 않았다. 유튜브가 인기 있다는 건 알았지만 별난 웹 사이트

이상이 될 수 있을 줄은 몰랐기 때문이다.

하지만 유튜브를 알면 알수록 점점 더 흥분됐다. 경영진은 가능한 모든 주제에 대해 수천 개 혹은 수백만 개의 채널을 가진 새로운 유형의 텔레비전을 만든다는 비전을 내게 설명했다. 유튜브는 현재 방송되는 것에 만족하지 않고 사용자의 관심사에 완벽하게 부합하는 채널을 제공하고자 했다. 그뿐만 아니라 유튜브에는 누구라도 영상을 게시할 수 있으므로 야심 있는 영화감독과 음악가, 예술가 지망생들이 자신의 프로젝트를 노출하는 플랫폼이 되어줄 것이라고 했다. 유튜브에서는 누구라도 '발견될' 수 있었다.

좋은 기회처럼 보였으므로 나는 계약하기로 마음먹었다. 2010년 1월에 아내와 함께 샌프란시스코로 이사했고 나는 유튜브 팀에 합류했다. 일을 시작한 뒤, 유튜브의 새로운 비전이 우리의 업무 평가 방식을 바꾸었다는 걸 알게 되었다. 스케이트보드 타는 개의 시절에 중요했던 건 '눈동자'였다. 사람들이 얼마나 많은 영상을 보고 있는가? 사이드바의 관련 영상을 얼마나 자주 클릭하는가? 하지만 채널에 초점을 맞추면서 우리는 '분'에 더 신경 쓰기 시작했다. 사람들이 유튜브에서 얼마나 많은 시간을 보내는가? 사람들이 채널의 다음 영상을 보려고 유튜브에 계속 머무르는가? 이것은 완전히 새로운 사고방식이었다.

또 나는 나의 새로운 일이 회사에 얼마나 중요한지도 알게 되었다. 드넓은 사무실, 재능 넘치는 수백 명의 직원, 경영진의 열렬한 관심은 유튜브를 그저 별난 영상 사이트 정도로 생각했던 내 인식과는 천지 차이였다. 내가 새로 들어간 팀(유튜브를 재설계하고 더욱 '채널' 중심으로 만들고자 모인)에서 CEO의 사무실을 '작전실'로 쓰게 됐을 때 이런 막중함이 피부로 느껴졌다. CEO라니! 그는 우리에게 도움이 된다면 자기 사무실을 기꺼이 포기할 정도로 유튜브를 발전시키고 싶었던 것이다.

마침내 우리의 노력이 결실을 보았다. 2011년 말에 중요한 새 디자인을 선보인 이후 사람들이 채널을 구독하고 영상을 보면서 더 많은 시간을 보내기 시작했다. 2012년 초에는 언론이 그 결과를 보도했다. 런던의 〈데일리 메일Daily Mail〉은 "유튜브는 웹 텔레비전 서비스로 성공적인 변신을 꾀하고 있다"라고 보도하면서 시청자들이 1년 전보다 60퍼센트 더 오래 머물고 있음을 보여주는 데이터를 언급했다. 〈데일리 메일〉의 분석은 우리를 신나게 했다. "이런 변화는 유튜브가 최근 텔레비전과 비슷한 '채널'과 더 긴 방송에 추가적으로 초점을 맞춰 선보인 새로운 모습 덕분이다."

우리는 의기양양해졌다. 새로 디자인한 유튜브는 비전, 전략, 실행이 우리가 바라던 그대로 결합한 보기 드문 프로젝트였다. 그리고 제이크와 마찬가지로 나와 동료들은 우리 일을 사랑했다. 우리는 순간순간 사람들의 나날에 작은 즐거움을 가져다주고 있었다.

인피니티 풀은 거부하기가 왜 그렇게 어려울까?

맞다. 이건 우리 이야기다. 당신은 이 이야기에서 어디에 주목했는가? 물론 실리콘밸리의 전형적인 스토리이긴 하다. 멋진 기술을 구축하고 세상을 바꾸려고 고군분투하는, 이상주의적인 괴짜 무리들 말이다. 하지만 더 깊이 파고들어 가보면 인피니티 풀의 거부할 수 없는 유혹을 설명해주는 비밀 재료들을 발견할 수 있다.

첫째는 기술을 향한 열정이다. 꾸며낸 것이 아니다. 우리는 그때도 열정을 느꼈고 지금도 느낀다. 그런 열정을 수만 명이나 되는 전문 기술자의 수로 곱해보면 이 산업이 어떻게 끊임없이 더 빠르고 더 복잡한 도구를 대량으로 만들어내는지 이해할 수 있을 것이다. 이런 도구를 만드는 사람들은 자기 일을 사랑하는 데다 초현대적인 다음 제품을 한시바삐 실제 생활에 가져다주고 싶어 한다. 이들은 자신의 기술이 세상을 개선하고 있다고 진심으로 믿는다. 자신이 하는 일에 열정이 강할 때 사람들은 당연히 뛰어난 성과를 낸다. 이메일과 온라인 영상 같은 인피니티 풀 제품을 그토록 거부하기 어렵게 만드는 첫 번째 비밀 재료는 바로 그 제품들이 애정을 담아 만들어졌다는 것이다.

그다음으로 지속적인 개선을 위한 정교한 평가와 역량을 들 수 있다. 구글에서는 사람들이 무엇을 원하는지에 관한 우리의 직감을 믿지 않는다. 우리는 실험으로 정량적인 답을 얻어낸다. 사람들은 이런 유형의 영상과 저런 유형의 영상 중 어느 쪽을 보는 데 더 많은 시간을 쓸까? 사람들이 매일매일 지메일에 접속할까? 수치가 올라가면 개선한 점이 효과가 있고 고객들이 행복하다는 뜻이다. 그게 아니라면 우리는 다른 무언가를 시도해볼 수 있다. 소프트웨어를 재설계해서 다시 선보이는 것이 꼭 쉬운 일은 아니지만, 가령 자동차를 새 모델로 제조하는 것보다는 엄청나게 짧은 시간 안에 가능하다. 따라서 두 번째 비밀 재료는 진화다. 기술 제품들은 해마다 극적으로 개선된다.

우리 두 사람은 결국 자리를 옮겼지만 관찰자적 입장에서 면밀히 주시했다. 시간이 지나며 경쟁은 더 심해졌다. 처음에 지메일은 핫메일과 야후처럼 웹 기반 이메일 서비스와 경쟁했다. 그러다 소셜 네트워크를 통해 메시지를 보내는 사람들이 늘어나자 이내 사람들의 관심을 놓고 페이스북과 경쟁했다. 아이폰과 안드로이드폰이 확산되자 스마트폰 앱들과도 경쟁해야 했다.

유튜브 쪽은 경쟁이 훨씬 더 치열했다. 유튜브는 단순히 다른 영상 사이트들과 겨루는 정도가 아니라 사람들의 시간을 차지하기 위해 음악, 영화, 비디오게임, 트위터, 페이스북, 인스타그램과 경쟁을 벌였다. 당연히 텔레비전도 경쟁자였다. 평균적인 미국인들은 구식이 되어버린 텔레비전을 여전히 매일 4.3시간씩 본다.* 텔레비전 쇼는 사라지기는커녕 몰아볼 가치가 있는 최고의 시리즈를 빠르게 찍어내기 위해 끊임없이 경쟁하며 계속해서 발전하고 있다.

지메일과 유튜브는 이런 경쟁에서 '승리를 거두지는' 못했지만, 그 도전이 발전과 성장의 원동력이 되었다. 2016년에 지메일은 10억 명의 사용자를 확보했다. 2017년에 유튜브 사용자는 15억 명에 이르렀고 이들이 평균적으로 매일 한 시간 이상 영상을 본다

---

* 미국인들을 놀리기 전에 세계 나머지 지역에도 주목하라. 영국의 통신 규제기관인 오프콤 Ofcom의 2015년도 보고서에 따르면, 영국인은 하루에 3.6시간, 한국인은 3.2시간, 스웨덴인은 2.5시간, 브라질 사람들은 3.7시간 동안 텔레비전을 본다. 15개 국가의 텔레비전 시청 시간은 평균 3시간 41분이었다. 따라서 미국이 1등이긴 하지만… 당신들도 크게 뒤처지진 않는다.

고 발표했다.[*]

한편, 사람들의 눈을 붙잡아두려는 경쟁은 계속해서 점점 더 치열해지는 중이다. 2016년에 페이스북은 16억 5천만 명의 사용자가 하루 평균 15분씩 자사 서비스를 이용하며 시간을 보낸다고 발표했다. 같은 해에 상대적으로 후발주자인 스냅챗Snapchat은 1억 명이 넘는 사용자가 자사 앱에 평균 25~30분을 쓴다고 밝혔다. 다른 앱과 웹 사이트는 말할 것도 없다. 여러 연구에 따르면, 2017년 미국인들은 하루 4시간 이상 스마트폰을 사용하는 것으로 나타났다.[**]

이러한 경쟁이 현대기술을 그토록 거부하기 어렵게 만드는 세 번째 비밀 재료다. 한 서비스가 거부하기 힘든 새로운 기능을 내놓거나 기능을 개선할 때마다 경쟁자들의 판돈이 올라간다. 어떤 앱이나 사이트, 게임이 당신을 계속 붙들어두지 못할 경우 한 번만 클릭하면 무한한 선택권이 널려 있다. 항상 다른 모두와 경쟁한다. 이것은 적자생존의 경쟁이며, 여기서 살아남은 것들은 끝내주게 멋지다.

---

[*] 재미있는 사실: 이 말은 인류가 매일 15억 시간 이상 유튜브를 본다는 뜻이다. 그 영상들을 연이어 재생하면 17만 3,000년이 넘게 걸릴 텐데, 이는 대략 호모 사피엔스가 존재한 기간과 비슷하다. 혹은 바꿔 말하면, 〈강남 스타일〉이 무시무시하게 많은 셈이다.

[**] 사실 플러리Flurry라는 회사가 2017년에 수행한 연구는 사람들이 하루에 5시간 이상을 스마트폰에 사용한다고 밝혔다. 연구가 다양해서 우리는 해커눈Hacker Noon이 내놓은 좀 더 보수적인 수치를 사용했다. 해커눈은 특히 닐슨Nielsen, 컴스코어comScore, 퓨 리서치 센터Pew Research Center의 연구를 분석하여 '4시간 이상'이라는 결론을 내렸다.

인피니티 풀의 중독성이 강한 네 번째 이유는? 이 모든 기술은 마이크로칩이 없던 세계에서 진화한 우리 뇌의 타고난 회로를 이용한다. 우리가 주의를 분산하도록 진화한 것은 이런 주의 분산이 위험으로부터 우리를 지켜주기 때문이다(주변 시야에서 뭔가가 번뜩인다면 확인해야 한다. 몰래 다가온 호랑이나 넘어지는 나무일 수도 있으니!). 우리가 미스터리나 소설을 좋아하도록 진화한 것은 무언가를 배우고 의사소통하는 데 도움이 되기 때문이다. 우리가 소문을 좋아하고 사회적 지위를 추구하도록 진화한 것은 우리를 보호해주는 끈끈한 부족을 형성하게끔 해주기 때문이다. 또 우리가 블랙베리 덤불에서건 스마트폰 알림에서건 예상치 못한 보상을 좋아하도록 진화한 것은 그런 보상의 가능성이 결국 빈손으로 귀가하는 한이 있어도 사냥과 채집을 계속하게 만들기 때문이다. 우리 원시인들의 뇌가 네 번째 비밀 재료다. 당연히 우리는 이메일, 비디오게임, 페이스북, 트위터, 인스타그램, 스냅챗을 사랑한다. 이들을 향한 사랑은 말 그대로 DNA에 새겨져 있다.

기술이 시간을 돌려줄 때까지 기다리지 마라

우리는 기술을 사랑한다! 여기에는 굉장히 심각한 문제가 있다. 보통 사람들이 스마트폰에 사용하는 4시간 이상과 보통 사람들이 텔레비전을 보는 데 쓰는 4시간 이상을 더하면 주의 분산이 전업이 되어버린다. 이쯤에서 다섯 번째 (뻔한) 비밀 재료를 밝혀야겠다. 바로 기술업체들은 당신이 제품을 사용할 때 돈을 번다는 사실이다. 기술업체들이 인피니티 풀을 자발적으로 조금씩 제공하는 일은 없을 것이다. 오히려 소방 호스로 뿌려댄다. 오늘 인피니티 풀을 거부하기 힘들면 내일은 더 힘들어질 것이다.

혹시나 해서 말하는데, 악의 제국이 뒤에 도사리고 있는 건 아니다. 냉정하게 계산기를 두드리는 기술업체들이 불쌍한 고객을 조종할 음모를 꾸미면서 악마처럼 웃고 있는, '우리 vs. 그들' 구도는 아니라는 것이다. 그런 생각은 좀 환원주의적일 뿐 아니라 우리의 경험과도 맞지 않는다. 우리는 기술업체 내부에 있었고 그곳에는 당신의 하루를 좀 더 편하게 만들어주고 싶어 하는 선의의 괴짜들이 살고 있다. 대체로 이 괴짜들은 정말로 그렇게 하고 있다. 현대기술에서 가장 좋은 점은 뛰어나고 즐거우며 우리 생활을 더 편리하고 재미있게 만들어준다는 것이다. 스마트폰으로 낯선 도시에서 길을 찾거나 친구와 영상통화를 하거나 단 몇 초 만에 책 한 권을 다운로드하는 건 초능력을 가진 것과 비슷하다.*

그러나 우리가 현대기술에서 좋은 점만 취하는 건 아니다. 현재 우리의 디폴트가 그렇다. 우리는 항상 기술의 전부를 취한다. 모든 화면에서 초현대적인 능력을 취하고 주의를 분산하는 중독성

---

* 기술의 어두운 측면에 관해 좀 더 비판적인 다른 책으로는 애덤 알터의 《저항 불가: 우리를 중독시키는 기술과 사업의 부상》과 트리스탄 해리스Tristan Harris의 humantech.com 웹 사이트를 추천한다. 294쪽에 소개한 읽을거리도 확인하라.

있는 방해꾼도 함께 받아들인다. 기술이 발달할수록 우리는 더 멋진 초능력을 얻지만 그런 한편 기계들은 우리의 시간과 주의를 더 많이 훔쳐갈 것이다.

우리는 여전히 괴짜들을 믿는다. 그리고 그들이 방해꾼은 줄이면서 더 많은 초능력을 제공할 창의적인 방법을 발견하길 바란다. 하지만 애플이 아이폰에 또는 구글이 안드로이드에 무슨 일을 하건 당신의 주의를 노리는 치열한 경쟁은 늘 벌어질 것이다. 기업이나 정부의 규제기관이 당신의 집중력을 되돌려줄 때까지 기다릴 수는 없다. 통제력을 얻고 싶다면 기술과 당신의 관계를 재설계해야 한다.

주의 분산을 막는 장벽 세우기

우리 같은 제품 디자이너들은 한 제품에 가능한 한 쉽게 접근할 수 있도록 장벽을 제거하면서 수십 년을 보냈다. 초집중 모드로 들어가서 하이라이트에 초점을 맞추는 열쇠는 그 장벽을 다시 세우는 것이다.

지금부터는 방해꾼 없는 스마트폰 설정부터 텔레비전 시청을 불편하게 만들 거실 가구 재배치에 이르기까지 초집중 모드로 더 쉽게 들어가도록 돕고자 설계된 다양한 전술을 소개하겠다.

이 모든 전술의 바탕이 되는 원리는 동일하다. 주의 분산을 물리치는 가장 좋은 방법은 대응을 더 어렵게 만드는 것이다. 페이스북을 확인하거나 뉴스를 따라잡거나 텔레비전을 켜는 행동을 방해하는 몇 가지 단계를 추가하면 제품을 그토록 흡인력 있게 만드는 주기를 단축할 수 있다. 며칠만 지나면 일련의 새로운 디폴트가 생길 것이다. 주의 분산에서 집중으로, 대응적이던 데서 의도적으로, 압도당하던 데서 통제하는 것으로 당신의 디폴트가 바뀐다. 요지는 작은 불편함을 만들어내는 것이다. 방해꾼에 접근하기 힘들어지면 의지력을 걱정할 필요가 없다. 그러면 시간을 낭비하는 게 아니라 시간을 만드는 데 당신의 에너지를 쏟을 수 있다.

　주의 분산과 집중 사이를 오락가락하지 않고 초집중 모드에 빠지면 가장 중요한 일을 할 시간을 만들 수 있을 뿐만 아니라 더 알찬 시간을 보내게 된다. 모든 주의 분산은 집중력의 깊이를 훼손한다. 가령 그림 그리기에서 문자 메시지에 답 보내기로, 그런 뒤 다시 그림으로 뇌가 맥락을 바꾸면 전환에 따른 대가를 치른다. 뇌가 작업 메모리에 일련의 다른 규칙과 정보를 로딩해야 하기 때문이다. 이러한 '부팅'에는 적어도 몇 분이 소요되고 복잡한 작업이라면 더 오래 걸릴 수 있다. 우리 두 사람은 방해받지 않고 2시간 동안 글을 쓸 수 있어야 가장 일이 잘된다는 사실을 발견했다. 때로는 심지어 며칠 동안 계속해야 몰입하게 된다.

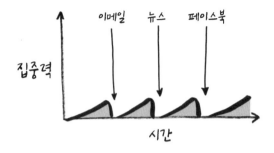

마치 복리와 비슷하다. 하이라이트에 더 오래 집중을 유지할수록 그 일이(혹은 놀기가) 더 매력적으로 느껴져 더 잘할 수 있다.

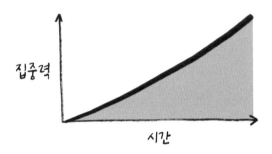

하지만 초집중 모드가 당신과 하이라이트에만 도움이 되는 건 아니다. 주의를 분산하는 방해꾼에 심하게 중독된 데는 다른 사람들도 모두 그렇기 때문이라는 점도 한몫한다. 바로 고립공포감 FOMO(좋은 기회를 놓치거나 소외되는 것에 대한 두려움 – 옮긴이)이 작용한 것인데, 우리는 모두 이런 마음을 가지고 있다. HBO의 최신작을 보지 않았거나 트럼프의 최근 트위터를 읽지 않았다면 혹은 신상 아이폰의 멋진 기능을 공부하지 않으면 사람들과 어떻게 대화하겠는가? 다른 모든 사람이 그렇듯 뒤처지고 싶지 않다.

우리는 이 문제를 조금 다르게 보라고 권하고 싶다. 당신이 돋보일 기회로 생각하는 것이다. 물론 좋은 의미로 돋보일 기회다. 당신이 우선순위를 바꾸면 다른 사람들이 알아차릴 것이다. 또 무엇이 당신에게 중요한지를 보여줄 것이다. 친구, 동료, 아이들과 가족은 당신이 의도적으로 시간을 사용한다는 사실을 알게 될 테고, 이는 '항상 인터넷에 접속되어 있는' 디폴트에 의문을 제기하고 각자의 인피니티 풀에서 벗어날 수 있음을 알려주는 것이나 다름없다. 당신은 자신과 자신의 하이라이트를 위한 시간만 만드는 게 아니다. 주변 사람들에게도 좋은 본보기가 된다.

다음 장에서는 우리가 사용하는 초집중 모드의 전술을 다룬다. 스마트폰, 앱, 메일 수신함, 텔레비전을 통제하는 방법뿐만 아니라 초집중 모드에 돌입하고 하이라이트를 즐길 수 있을 정도로 집중력을 유지하기 위한 요령을 소개한다.

스마트폰의 지배자 되기

17. 방해꾼 없는 스마트폰 만들기

하지만 반지에 더 신경 쓰이지 않는 건 어떤 면에서는 다행이네요….
때때로 반지가 저를 지켜보는 눈처럼 느껴졌거든요….
주머니에 그게 없으면 맘 편히 쉬질 못했어요.

빌보 배긴스Bilbo Baggins *

이메일과 그 외 인피니티 풀 앱을 스마트폰에서 지우는 것은 시간
과 주의를 되찾는 가장 간단하고 효과적인 변화다. 우리 두 사람
은 2012년부터 방해꾼 없는 스마트폰을 사용해왔는데, 그래도 거

---

* J. R. R. 톨킨의 소설 《호빗》의 주인공이자 《반지의 제왕》의 등장인물 ─ 옮긴이

뜬히 살아남았을 뿐만 아니라 잘 살고 있다. 더 효율적으로 일하게 되었고 전반적으로 우리의 나날을 더 즐기고 있다.

제이크

> 내 스마트폰은 절대반지가 빌보 배긴스를 부르던 것처럼 호주머니에서 나를 부르곤 했다. 아주 조금이라도 지루해질 기미가 느껴질라치면 바로 그 순간 마술을 부린 것처럼 손바닥에 스마트폰이 등장했다. 인피니티 풀 앱을 삭제한 지금은 초조함을 덜 느낀다. 예전 같으면 본능적으로 스마트폰에 손을 뻗었을 순간에 손을 멈출 수밖에 없었고, 스마트폰 없이도 그 순간들이 별로 지루하지 않았다.

JZ

> 방해꾼 없는 스마트폰은 하루 종일 차분한 느낌을 되찾아준다. 주의의 변화 속도가 느려지면 초집중 모드에 들어가야 할 때 도움이 될 뿐 아니라 시간을 더 즐겁게 보낼 수 있다.

그러나 우리의 일탈적인 생활 방식을 알게 된 사람들은 대개 우리를 멍청하다고 생각한다. 그냥 폴더폰을 사용하면 돈이 절약

될 텐데 군이 왜?

음, 설명하자면 이렇다. 인피니티 풀을 전부 제거해도 스마트폰은 여전히 마법의 기기다. 지도와 운전 경로에서부터 음악과 팟캐스트, 달력과 카메라까지 우리 시간을 빼앗지 않고도 생활을 향상해주는 앱이 많다.

솔직하게 말하겠다. 우리는 스마트폰이 멋지다고 생각한다. 우리는 시간 얼간이일 뿐 아니라 이 작은 도구를 사랑하는 얼간이이기도 하다. 2007년에 JZ는 첫 아이폰을 사려고 줄을 서서 기다렸다. 10년 뒤 제이크는 아이폰 X를 출시일에 주문하기 위해 꼭두새벽까지 안 자고 버텼다. 우리는 스마트폰을 사랑한다. 다만 스마트폰이 제공하는 모든 것을 늘 원하지는 않을 뿐이다. 방해꾼 없는 스마트폰을 사용하면 현대기술의 진수를 즐기면서도 더 쉽게 접속을 끊고 주의를 유지하던 (약간) 더 단순한 시대로 시곗바늘을 되돌릴 수 있다.

물론 방해꾼 없는 스마트폰이 모두에게 적합한 건 아니다. 소셜 미디어, 웹 브라우저, 이메일 없는 스마트폰이라니! 누군가에게는 미친 소리처럼 들릴 수 있다. 어떤 사람들은 우리보다 자제력이 뛰어날 수 있음을 인정한다. 어쩌면 당신은 주머니에서 스마트폰을 꺼내고 싶은 강한 충동을 쉴 새 없이 느끼지 않을지도 모른다. 어쩌면 당신은 이메일과 뉴스를 확고하게 통제할 수 있을지도 모른다. 그 반대가 아니라.

그래도 우리는 손쉽게 이용할 수 있는 정보를 끊임없이 업데이트하는 데 모든 사람이 어느 정도 인지적 비용을 지불하고 있다고 생각한다. 당신은 우리처럼 주의 분산 문제를 노골적으로 겪지 않을지 모르지만, 스마트폰의 디폴트를 재설정하면 집중에 좀 더 도움이 될 것이다. 그러니 이미 스마트폰을 잘 통제한다고 느끼더라도 짧은 실험을 하는 셈 치고 방해꾼 없는 스마트폰을 한번 시도해보길 바란다. 계속하기는 힘들 수 있어도 당신의 디폴트를 검토할 기회가 될 것이다.

이제 방해꾼 없는 스마트폰을 설정하는 방법을 간단하게 알아보자(maketimebook.com에 가면 아이폰과 안드로이드폰 설정에 관한 상세한 설명을 스크린샷과 함께 볼 수 있다).

① 소셜 네트워크 앱을 지운다

먼저 페이스북, 인스타그램, 트위터, 스냅챗 등(우리가 이 책을 쓴 뒤에 나온 그 외 무엇이건)을 삭제한다. 걱정할 필요 없다. 나중에 마음이 바뀌면 얼마든지 손쉽게 다시 설치할 수 있으니까.

② 그 외 인피니티 풀을 지운다

흥미로운 콘텐츠를 무한 공급하는 어떤 것이라도 지워야 한다. 게임, 뉴스 앱, 그리고 유튜브 같은 동영상 스트리밍 서비스 등 당신이 집착적으로 새로고침을 하거나 의도치 않게 시간을 뺏긴다면 혹은 둘 다라면 그 앱을 삭제하라.

③ 이메일을 삭제하고 계정을 없앤다

이메일은 매혹적인 인피니티 풀이자 힘차게 뛰는 비지 밴드왜건의 심장이다. 그리고 스마트폰으로는 이메일에 제대로 된 답을 보내기가 어려워서(시간 제약과 터치스크린에 타이핑하는 어려움 때문에) 종종 불안을 일으키기도 한다. 우리는 뒤처지지 않으려고 스마트폰으로 이메일을 확인하지만, 그 결과 얻는 건 대개 우리가 뒤처진다는 깨달음뿐이다. 스마트폰에서 이메일을 지우면 함께 따라오던 많은 스트레스를 없앨 수 있다.

이메일 계정은 보통 기기에 연동되어 있어서 이메일 앱 삭제에 더해 스마트폰 설정으로 들어가 이메일 계정을 지우고 싶을 수도 있다. 그러면 스마트폰은 대단히 심각한 경고를 보내겠지만("이메일 계정을 정말로 삭제하길 원하나요?") 단념해서는 안 된다. 역시 나중에 마음이 바뀔 땐 그저 로그인 정보를 다시 입력하기만 하면 된다.

④ 웹 브라우저를 삭제한다

마지막으로, 주의 분산계의 맥가이버 칼을 비활성화해야 한다. 바로 웹 브라우저다. 브라우저를 삭제하려면 또 용감하게 설정으로 들어가야 할 것이다.

⑤ 다른 모든 것은 유지한다

앞에서 말한 것처럼, 인피니티 풀이 아닌 멋진 앱이 아직 많이 남아 있다. 우리를 주의 분산의 소용돌이 속으로 빨아들이지 않으면서도 의심할 여지 없이 생활을 더 편리하게 해주는 앱 말이다. 예를 들어 지도 앱에는 무한한 내용이 들어 있지만, 평소 무작위로 도시를 선택해 지도를 살펴볼 마음이 드는 사람은 거의 없을 것이다. 스포티파이sportify(글로벌 음악 스트리밍 서비스-옮긴이)나 애플 뮤직 같은 앱도 비교적 무해하다. 이런 앱에는 분명 무한개의 노래와 팟캐스트가 들어 있지만, 비틀스의 흘러간 노래 목록을 둘러보고 싶은 충동에 사로잡힐 가능성은 희박하다. 승객과 차량을 이어주는 서비스를 제공하는 리프트Lyft나 우버, 음식배달 앱, 일정관리 앱, 날씨 앱, 생산성 앱, 여행 앱도 마찬가지다. 결론은 어떤 일을 하는 데 쓰이는 도구이거나 당신을 초조하게 만들지 않는 앱이라면 그대로 두라는 것이다.

다시 말하지만, 방해꾼 없는 스마트폰은 일종의 실험이다. 평생 고수할 필요는 없다. 24시간, 일주일 혹은 한 달의 시간 동안 해보라. 물론 이메일이나 브라우저를 꼭 써야 할 때가 있을 것이다. 그럴 때는 당장 해야 하는 일에 필요한 앱을 임시로 활성화하면 된다. 중요한 점은 당신이 의도적으로 스마트폰을 사용한다는 것이다. 스마트폰이 당신을 사용하는 것이 아니라. 그리고 그 일이 끝나면 디폴트를 다시 '끔'으로 설정하면 된다.

우리는 당신이 방해꾼 없는 스마트폰과의 생활을 좋아하게 되리라고 생각한다. 지금 막 실험을 시작한 어떤 독자가 "저는 아이폰을 비활성화하고 지난주를 보냈어요. 굉장했답니다! 저는 스마트폰을 훨씬 더 그리워할 줄 알았어요"라고 말한 것처럼. 또 다른 독자는 방해꾼을 없애기 전과 후의 아이폰 사용량을 추적 앱으로 기록해보고는 그 결과에 충격을 받았다. "이메일과 사파리를 없애니 스마트폰을 내려놓는 시간이 하루에 2.5시간 늘어났어요. 어떤 날은 훨씬 더 늘었죠." 정말 놀랍지 않은가. 간단한 변화로 하루에 한두 시간을 되찾는다고 상상해보라.

방해꾼 없는 스마트폰의 가장 중요한 보상은 통제력을 되찾는 것이다. 일단 디폴트를 통제하게 되면 당신이 지배자가 된다. 그리고 그렇게 되어야 한다.

18. 로그아웃하기

아이디와 비밀번호를 입력하는 건 귀찮은 일이다. 그래서 웹 사이트와 앱은 자주 입력할 필요가 없게 만들어놓았다. 이들은 당신이 로그인 상태를 유지하도록 조장하여 주의 분산으로 가는 길을 활짝 열어둔다.

얼마든지 이런 디폴트를 바꿀 수 있다. 이메일, 트위터, 페이스북, 혹은 그 비슷한 무엇이든 사용을 끝냈으면 로그아웃하라. 모든 웹 사이트, 모든 스마트폰의 앱에는 로그아웃할 수 있는 옵션이 있다. 로그아웃 버튼이 눈에 확 띄지 않을 수는 있어도 언제든 로그아웃할 수 있다. 그리고 다음번에 '이 기기가 나를 기억하길' 원하는지 물어오면 네모 박스를 체크하지 마라.

주의가 쉽게 분산되는 내 두뇌의 과속방지턱으로는 로그아웃 전술이 충분하지 않았다. 그래서 나는 타이핑하기 귀찮고 기억하기 어려운 황당한 비밀번호로 바꿈으로써 로그아웃 효과를 극대화했다. 개인적으로는 e$yQK@ïYu를 좋아하지만, 이건 너무도 나다운 비밀번호다. 나는 필요할 때 로그인할 수 있도록 비밀번호들을 비밀번호 관리 앱에 저장해놓았다. 의도적으로 귀찮게 만든 것이다. 기억하라. 저항을 추가하는 것이 인피니티 풀을 피하고 초집중 모드를 유지하는 열쇠다.

19. 알림 거부하기

이 녀석은 그리 마음에 들지 않아. 고함밖에 안 지르거든.
이 녀석은 생쥐처럼 조용하군. 집에 데려가고 싶어.

닥터 수스Dr. Seuss

앱 제작자들은 알림 문제에 관해서라면 심하게 밀어붙이려고 든다. 누가 그들을 탓할 수 있겠는가? 다른 앱들도 모두 그렇게 하는데. 게다가 다른 모든 것이 당신의 관심을 얻으려고 필사적으로 애쓰는 마당에 강하게 밀어붙이지 않으면 당신이 그 앱의 존재를 어떻게 기억하겠는가? 그러면 아마 당신은 필요할 때만 그 앱을 쓰게 될 것이다. 이 얼마나 안타까운 노릇인가!*

알림은 당신의 친구가 아니다. 쉬지 않고 주의를 빼앗아가는 도둑이다. 방해꾼 없는 스마트폰을 시도해보건 아니건, 적어도 알림은 전부 꺼두어야 한다. 방법은 다음과 같다.

하나. 스마트폰의 설정으로 들어가 알림 목록을 찾은 뒤 하나씩 끈다.

둘. 일정 알람과 문자 메시지 같은 정말로 중요하고 유용한 알림만 남겨둔다.

---

* 알림이 오지 않던 때에 대한 반어적 표현이다.

셋. 이메일과 인스턴트 메신저의 알림은 반드시 꺼둔다. 이런 알림들은 중요하게 느껴져서 더더욱 방심할 수 없는데, 사실 우리는 이런 알림 없이도 문제없이 살 수 있다. 시각을 다투는 문제가 생겼을 때 사람들이 당신을 방해할 방법을 한 가지만 남겨두어라(예를 들어 문자 메시지).

넷. 새로운 앱이 "알림을 허용하겠습니까?"라고 물어올 때마다 "아니요"를 선택하라.

다섯. 48시간 혹은 한 주 동안 이렇게 해보고 어떤 기분이 드는지 확인하라.

알림 *끄*기는 스마트폰에 예의를 가르치는 셈이다. 쉬지 않고 떠벌리는 허풍선이에서 중요한 소식을 정중하게 전해주는 전령으로, 즉 당신이 실제로 삶에서 원하는 친구 같은 존재로 변신시키는 것이다.

20. 첫 화면 비우기

당신의 스마트폰은 속도를 내도록 디자인되어 있다. 얼굴이나 지문을 인식하면 바로 들어갈 수 있다. 대부분은 좋아하는 앱을 첫 화면에 배치하여 즉시 접속할 수 있게 해둔다. 인식, 클릭, 앱! 아무런 저항이 없는 이 과정은 운전하면서 길을 찾을 때는 엄청나게

편리할지 몰라도 초집중 모드로 들어가려 할 때는 주의 분산으로 빨려드는 아우토반이다.

속도를 늦추기 위해 첫 화면을 비워보라. 첫 화면의 모든 아이콘을 다음 화면으로 옮기는 것이다(그리고 두 번째 화면의 아이콘들은 세 번째 화면으로 옮기는 식이다). 멋지고 깔끔한 바탕화면 이미지 말고는 첫 화면에 아무것도 남겨두지 말라.

텅 빈 첫 화면은 스마트폰을 사용할 때마다 잠깐의 고요한 시간을 준다. 이 화면은 의도적인 불편함, 작은 일시정지, 주의 분산으로부터 한 발자국 물러나는 과속방지턱이다. 당신이 반사적으로 스마트폰의 잠금을 풀었을 때 첫 화면이 텅 비어 있으면 "지금 정말 다른 데로 관심을 돌리길 원하니?"라고 스스로 묻게 된다.

 제이크

나는 여기에서 한 걸음 더 나아가 각 화면에 앱을 한 줄만 배치하길 좋아한다(122쪽 참조). 아마 내가 결벽증에 가까운 사람이기 때문이겠지만, 단순함은 내게 더 차분한 기분과 통제하고 있다는 느낌을 선사한다.

21. 손목시계 차기

1714년에 영국 정부는 배에서 사용할 수 있는 휴대용 시계를 발명하는 사람에게 상금 2만 파운드(2018년도 화폐로 환산하면 5백만 달러)를 주기로 했다. 그 후 거의 50년에 이르는 시간과 수십 개의 시제품을 거친 뒤에야 1761년 존 해리슨John Harrison이 마침내 최초의 '크로노미터'(특히 항해할 때 사용하는 정밀 시계-옮긴이)를 제작했다. 이 시계는 무늬만 휴대용이긴 했어도(대서양을 건너는 군함 뎁트퍼드Deptford호의 처녀항해를 위해 특수상자에 고정해 주갑판 밑에 집어넣어야 했다) 세상을 바꿔놓은 실로 경이로운 기술혁신이었다.*

지금은 휴대용 시계, 즉 디지털 손목시계를 10달러만 주면 살 수 있다. 게다가 항상 정확하다. 그뿐인가. 가벼운 데다 방수까지 된다. 낮잠 자는 당신을 깨우거나 오븐에서 저녁거리를 꺼내라고 알려줄 수도 있다. 손목시계는 기술의 놀라운 작품이라 할 수 있다.

그러나 우리는 아주 다른 이유로 시계 차는 걸 좋아한다. 손목시계를 차면 시간을 알고 싶을 때마다 스마트폰을 확인하지 않아도 된다. 당신이 우리와 비슷한 사람이라면 스마트폰으로 잠깐 시간을 확인하려다가 종종 인피니티 풀로 끌려 들어갈 것이다. 특히

---

* 크로노미터 발명 전에는 오래 항해할 때 시간을 알 수 없었고, 따라서 동서의 위치도 추적할 방법이 없었다. 크로노미터는 뎁트퍼드호에 설치되어 대서양을 건너는 역사적 항해에서 큰 성공을 거두었다. 항법사는 육지를 1마일 이내까지 정확하게 예측했다.

화면에 알림이 떠 있을 때 그럴 가능성이 더 크다. 시계를 차면 스마트폰을 눈에서 떼놓을 수 있다. 눈에 보이지 않으면 더 쉽게 관심을 끊을 수 있다.

2010년에 나는 항해할 때 차려고 스포츠 용품 상점의 재고 정리 판매대에서 단순한 타이맥스 시계를 하나 구입했다. 그런데 일단 시계를 차니 풀고 싶지 않았다. 이 17달러짜리 시계는 너무도 유용했다. 심지어 스마트폰보다 여러 가지 면에서 나았다. 화면에 금이 가지도 않고 배터리가 기본적으로 영원하다시피 지속되기 때문이다.

22. 기기들을 놔두고 가기

우리 친구 크리스 팔미에리Chris Palmieri는 일주일에 두 번 랩톱과 스마트폰을 사무실에 두고 퇴근한다. 크리스는 도쿄에서 바쁜 컨설팅기관을 운영하지만, 그 두 번의 저녁에는 이메일을 확인할 수 없다. 문자 메시지도 못 보낸다. 다음 날 출근할 때까지 그는 차단된 상태다.

불편하냐고? 물론이다. 하지만 크리스는 일시적인 고립을 집중력 향상과 수면으로 보상받는다고 말한다. 기기들로부터 자유로운 저녁이면 그는 평소보다 일찍 잠자리에 들어(새벽 1시가 아니라 밤 11시 30분에) 더 숙면한다. 한밤에 깨는 일도 거의 없다. 심지어 아침이면 간밤에 꾼 꿈도 기억한다…. 우리는 이걸 좋은 징조로 여긴다.

기기를 두고 오는 것은 아이들에게 책을 읽어주거나 손으로 하는 일 같은 '오프라인' 하이라이트를 수행할 시간을 만들고 싶을 때 도움이 되는 전술이다. 하지만 스마트폰을 직장에 두고 온다는 말이 끔찍하게 들린다면(혹은 비상연락 등 스마트폰을 꼭 사용해야만 하는 타당한 이유가 있다면) 기기와의 분리라는 기본 원칙을 좀 덜 극단적인 방법으로 적용할 수 있다. 집에 왔을 때 스마트폰을 곁에 두지 말고 서랍 안이나 선반 위에 두는 것이다. 가방 안에 넣은 뒤 장롱 속에 두고 문을 닫아놓으면 더 좋다.

나는 밖을 돌아다닐 때 보통 스마트폰을 가방에 넣고 다닌다. 그리고 집에 오면 가방을 선반 위에 두고 생활한다. 때로는 몇 시간 동안 스마트폰을 까맣게 잊어버리기도 한다. 이런 경험은 스마트폰 없이도 삶이 계속된다는 걸 깨닫는 일상의 작은 계기가 된다.

초집중 전술

인피니티 풀 피하기

---

23. 아침의 확인 절차 건너뛰기

아침에 눈을 뜨면 5시간을 잤건 10시간을 잤건 꽤 오랫동안 비지 밴드왜건과 인피니티 풀에서 떨어져 있었던 셈이다. 이때가 황금 시간이다. 새로운 날이 밝았고 당신의 뇌는 휴식을 취했다. 그리고 아직 주의가 산만해질 이유가 없다. 스트레스를 받을 뉴스도, 마음을 졸일 업무 이메일도 없다.

이 순간을 즐겨라. 이메일, 트위터, 페이스북 혹은 뉴스에 바로 손을 뻗지 말라. 아침에 일어나면 제일 먼저 최신 소식을 확인하고 싶은 유혹이 강할 것이다. 어쨌거나 밤사이에는 늘 세상 무언가가 바뀌니까. 하지만 그 화면을 열자마자 당신은 현재의 순간과 인터넷에 있는 모든 것 사이에서 줄다리기를 하게 된다.

확인을 미루어라. 아침의 확인 절차를 뒤로 미룰수록(오전 9시나 10시, 아예 점심식사 이후로) 피로를 해소한 차분한 느낌을 더 오래 유지하고 초집중 모드로 더 쉽게 들어갈 수 있다.

> 아침의 확인 절차 생략은 내 일과에 꼭 필요하다(#14에서 설명한 것처럼). 아침은 하이라이트를 위한 황금 시간대인데, 내 하이라이트를 실행하는 데는 보통 컴퓨터가 필요하다. 그래서 나는 밤마다 브라우저 탭을 전부 닫고(#26) 트위터와 페이스북에서 로그아웃한다(#18). 그리하여 아침에 일어나 커피를 내리고 나면 아침의 확인 절차 때문에 방해받는 일 없이 하이라이트를 시작할 준비가 된다.

24. 주의 분산 크립토나이트 차단하기

우리에게는 거부할 수 없는, 특히 강력한 인피니티 풀이 꼭 있다. 우리는 이것을 '주의 분산 크립토나이트'(《슈퍼맨》에 나오는 광물로, 슈퍼맨의 치명적 약점 — 옮긴이)라 부른다. 크립토나이트가 슈퍼맨을 꼼짝달싹 못하게 하는 것처럼 주의 분산 크립토나이트는 우리가 세운 방어막을 통과해 우리 계획을 방해한다. 당신의 주의 분산 크립토나이트는 페이스북처럼 흔하고 빤한 무언가일 수도 있고, 혹 JZ 같은 괴짜라면 잘 알려지지 않은 야후의 요트광 그룹일 수도 있다. 간단한 리트머스 테스트를 해보자. 어떤 웹 사이트나 앱에서 몇 분을 보낸 뒤(몇 분이 한 시간이 됐을 땐 더 가능성이 크다) 후회하는 마음이 들었다면 그것이 당신의 크립토나이트일 수 있다.

크립토나이트를 차단하는 방법은 당신이 얼마나 진심으로 원하는지, 그리고 얼마나 심각하게 중독되었는지에 따라 다양하다. 당신의 크립토나이트가 소셜 네트워크 또는 이메일이거나 아니면 무엇이든 비밀번호가 필요한 것이라면 로그아웃만 해도 속도를 늦추는 데는 충분할 수 있다(#18). 크립토나이트가 특정 웹 사이트라면 초집중 모드 동안 그 사이트를 차단하거나 인터넷을 완전히 꺼두는 방법(#28)도 있다. 여기에서 한 단계 더 끌어올리려면 앱이나 계정, 브라우저를 스마트폰에서 제거해도 좋다(#17).

프랜시스Francis라는 독자가 자신의 크립토나이트를 차단한 경험담을 들려주었는데, 그의 크립토나이트는 기술 스타트업 이야기로 가득한 웹 사이트인 '해커뉴스Hacker News'였다. 그 사이트를 갑자기 끊었을 때 프랜시스는 흥미로운 기사들과 의견 게시판에 올라오는 지적인 토론이 그리웠다고 한다. 하지만 그 대신 정서적 행복감이 놀라울 정도로 커지는 보상을 받았다. "저는 이제 그 사이트를 하루에 40번씩 새로고침 하면서 멋지게 투자회수에 성공한 신생 기업의 사례와 나 자신을 비교하지 않게 됐어요."

해리엇Harriette이라는 독자의 사연은 더 극단적이다. 해리엇의 크립토나이트는 페이스북이었다. 그녀에게 페이스북은 단순히 주의를 분산하는 수준이 아니었다. 위험할 정도로 페이스북에 중독된 상태였다. "저는 늘 불안에 시달리며 스마트폰에 찰싹 달라붙어 모든 메시지에 답을 보내야 했어요. 제가 일하는 자리는 훤히 뚫린 곳이었는데, 아예 일하는 것처럼 보이려는 노력조차 때려치웠죠."

해리엇은 계속 이런 식으로 살 수 없음을 깨달았다. 페이스북이 그녀의 삶을 잡아먹어 버렸다. 그래서 일주일 동안 페이스북을 버리기로 결심하고 모든 기기에서 페이스북을 지웠다. 당연히 힘들었지만, 일주일이 지났을 때 해리엇은 그 전으로 돌아가고 싶지 않았다. "소셜 미디어로 돌아간다고 생각하니 혐오감이 밀려왔어요. 그래서 또 일주일을 소셜 미디어 없이 보내보기로 마음먹었죠. 2주가 2개월이 되고 이제 10개월이 되었네요."

페이스북을 포기했을 때 문제가 없지 않다는 건 인정했다. 친구들은 페이스북으로 모임을 조율했고 예외를 두지 않았다. "저는 완전히 배제되었어요. 계획을 시작할 때 오래된 친구들하고만 연락했는데, 지난 몇 달간 연락한 횟수가 손에 꼽을 정도랍니다."

하지만 그녀는 되돌아가지 않았다. "그래도 지금이 훨씬 더 행복해요. 극적일 정도로, 엄청나게 행복해요. '바닥을 쳤을 때' 저는 제 뇌에 대한 통제력을 잃어버린 느낌이 들었어요. 어떤 소셜 미디어 밈(특정 메시지를 전하는 그림, 사진 또는 짧은 영상으로 재미를 주는 것을 목적으로 함−옮긴이)이나 계획을 세울 때의 편리함도 제가 정신을 차렸다는 느낌과는 비교가 안 돼요."

또 페이스북이 없으니 어떤 친구들과는 흐지부지한 사이가 되었지만 어떤 친구들과는 우정이 더 단단해졌다. 그녀와 진심으로 시간을 보내고 싶어 하는 사람들, 그녀가 정말로 보고 싶은 사람들은 전화나 이메일, 문자 메시지로 연락할 방법을 찾았기 때문이다. 해리엇은 말한다. "제가 외부와의 연락을 단절한 건 전혀 아니에요. 하지만 조만간 인피니티 풀로 돌아가는 일은 없을 거예요."

해리엇의 경험은 분명 극단적인 사례지만, 우리는 이와 비슷한 이야기들을 무수하게 들었다. 주의 분산 크립토나이트에서 벗어나면 진정한 카타르시스와 기쁨, 안도감, 자유를 느낄 수 있다. 우리는 소외될까 봐 두려워하지만, 일단 벗어나 보면 오히려 더 좋다는 걸 깨닫게 된다.

25. 뉴스 무시하기

나는 내게 필요한 모든 뉴스를 일기 예보에서 얻을 수 있다.

폴 사이먼Paul Simon, 〈뉴욕에서 유일하게 살아 있는 소년The Only Living Boy in New York〉

뉴스 속보 개념은 아주 강력한 사회 통념, 즉 전 세계에서 무슨 일이 벌어지는지 알아야 하고 그것도 지금 당장 알아야 한다는 생각에 의지한다. 똑똑한 사람들은 뉴스를 주시한다. 책임감 있는 사람들도 뉴스를 주시한다. 성인들도 뉴스를 주시한다. 그렇지 않은가?

우리도 우리만의 뉴스 속보를 본다. 일간 뉴스를 따라잡을 필요는 없다. 진정한 속보는 당신이 찾지 않아도 알게 될 것이고 나머지는 긴급하지 않거나 중요하지 않은 것들이다.

무슨 말인지 이해하려면 오늘 자 신문을 확인해보라. 아니면 가장 좋아하는 뉴스 사이트를 방문해봐도 된다. 그런 뒤 헤드라인을 살펴보고 각각을 비판적으로 생각해보라. 주요 기사들이 오늘 당신이 내릴 결정을 바꿀까? 그중 내일이나 다음 주, 또는 다음 달이면 쓸모없어질 기사는 몇 개일까?

또 불안을 불러일으키려고 쓴 기사는 얼마나 될까? "피를 흘리는 기사라야 주목받는다"는 말은 보도국에서 상투적이지만 맞는 얘기이기도 하다. 뉴스는 대부분 나쁜 소식이다. 쉼 없이 퍼부어대는 분쟁, 부패, 범죄, 인간의 고통에 관한 소식을 기분이나 집중력을 망치지 않고 떨쳐버릴 수 있는 사람은 많지 않다. 하루에 한 번만 읽는 뉴스도 불안을 일으키고 분노를 조장하며 끈질기게 주의를 분산하는 방해꾼이 될 수 있다.

뉴스를 완전히 끊어야 한다는 소리가 아니다. 대신 우리는 뉴스를 일주일에 한 번만 읽으라고 권한다. 그보다 띄엄띄엄 읽으면 인간 문명과 연결된 밧줄이 끊어진 채 바다에 떠 있는 기분이 들 것이고, 그보다 자주 읽으면 안개에 갇혀서 코앞에 있는 것에만 초점을 맞추게 된다. 자욱한 안개는 당신이 우선순위로 삼고 싶은 중요한 활동과 사람을 가려버린다.

JZ는 2015년부터 뉴스를 주 1회 읽는 전술을 사용해왔다. 그는 정보로 가득 찬 60~80페이지에 주요 사건을 요약한 주간지인 〈이코노미스트The Economist〉를 좋아하지만, 여러분은 〈타임Time〉 같은 다른 주간지를 고려하거나 일요 신문을 구독해도 된다. 자리에 앉아 좋아하는 뉴스 웹 사이트를 훑어보는 시간을 일주일에 한 번 잡아놓을 수도 있다. 어떤 방법을 선택하든 중요한 건 하루 24시간, 일주일 내내 돌아가는 뉴스 속보 사이클에서 벗어나는 것이다. 뉴스는 떨치기 힘든 방해꾼이지만, 동시에 일상에서 정말 중요한 것을 위해 시간을 만들(그리고 정서적 에너지를 보존할 수 있는) 좋은 기회이기도 하다.

나는 뉴스를 매일 읽지 않으면 꺼림칙한 기분이 들곤 했다. 오랜 검토 끝에 내가 알고 싶은 소식이 세 가지 범주로 나뉜다는 것을 알게 되었다. 첫째, 나는 경제, 정치, 사업, 과학 분야의 주요 동향을 알고 싶다. 조금은 자기중심적일 둘째 범주는 건강 정책의 변화처럼 내게 직접적인 영향을 미칠 주제들이다. 셋째는 자연재해가 발생했을 때처럼 다른 사람들을 도울 기회였다. 이렇게 나눠놓고 살펴보니 이 중 어떤 소식을 위해서도 날마다 뉴스를 꼭 읽을 필요가 없었다. 〈이코노미스트〉를 읽고, 매주 아내와 뉴스 팟캐스트를 들으며, 밖에서 일상적인 얘기를 듣다 보니 최신 정보를 다 꿰고도 남았다. 필요하다면 언제든 더 많은 조사를 할 수 있다.

26. 장난감 치우기

집을 정리하면 진짜 삶이 시작된다.

마리에 곤도 Marie Kondo

이렇게 상상해보자. 당신은 하이라이트를 실행할 준비가 됐다. 아마 쓰고 싶은 단편소설 또는 끝내야 하는 업무 제안서가 오늘의 하이라이트일 것이다. 그래서 당신은 랩톱을 집어 들고 화면을 연 뒤 비밀번호를 입력했다. 그랬더니….

"나를 봐주세요! 나를 봐주세요! 나를 봐주세요!" 갖가지 브라우저 탭이 당신을 향해 아우성친다. 페이스북, 트위터, CNN… 사방에 뜨는 뉴스 헤드라인과 알림 팝업창. 당신은 곧바로 하이라이트를 시작하지 못한다. 먼저 새로 올라온 내용을 봐야 하니까.

이제 이렇게 상상해보자. 당신이 랩톱을 집어 들고 화면을 열었다. 그랬더니… 멋진 사진 한 장만 보일 뿐 텅 비어 있다. 메시지도, 브라우저 탭도 없다. 밤사이에 급한 일이 생기면 누군가 전화하거나 문자 메시지를 보내겠거니 믿으며 이메일과 채팅에서 로그아웃해두었기 때문이다. 침묵은 더없이 행복하다. 당신은 바로 일할 수 있다.

의도한 일을 실행하는 것보다 당장 눈앞에 있는 것들에 반응하기가 언제나 더 쉽다. 게다가 그런 것들이 눈앞에서 빤히 쳐다보면 이메일을 확인하고 채팅에 대답하고 뉴스를 읽는 등의 일이 긴급하고 중요한 것처럼 느껴진다. 하지만 정말로 그런 경우는 드물다. 초집중 모드로 더 빨리 들어가고 싶으면 장난감을 치우길 권한다.

하루를 마칠 때 트위터나 페이스북 같은 앱에서 로그아웃하고 그 외 탭을 닫고 이메일과 채팅을 끄라는 뜻이다. 일을 끝내면 모범적인 아이처럼 당신이 어지른 것을 깨끗하게 치워라. 그리고 한 걸음 더 나아가 브라우저에서 북마크를 숨기고(우리는 여기에 당신의 인피니티 풀 두어 개가 숨어 있음을 안다) 시작 페이지가 시끌벅적한 화면(자주 방문하는 사이트 모음집 같은 모습)이 아니라 불필요하게 관심을 끌지 않는 모습(시계처럼)이 되도록 환경을 설정하라.

이렇게 정리 정돈하는 데 드는 2분은 앞으로 시간을 대응적으로가 아니라 능동적으로 쓰는 능력을 키우기 위한 작은 투자로 생각하기 바란다.

27. 와이파이 없이 비행하기

*나는 비행기가 많은 것을 읽고 쓰고 생각하기에 끝내주는 장소라고
늘 생각해왔다. 말 그대로 우리가 의자에 묶여 있기 때문이다.*

오스틴 클레온Austin Kleon

우리가 비행기에서 가장 좋아하는 것 중 하나는(공중을 날아간다는
순수한 경이로움과 별개로) 강제로 주어지는 집중력이다. 비행 중에는
갈 데가 없고 할 일도 없다. 설사 있다 해도 안전벨트 표시등이 의
자에 엉덩이를 딱 붙이라고 요구한다. 비행기 객실이라는 신기한
평행 우주는 책을 읽거나 글을 쓰거나 뜨개질을 하거나 생각에 잠
기거나 그저 지루함을 느끼기에 (좋은 의미로) 완벽한 기회다.

하지만 시간을 만들려면 비행기에서도 두 가지 디폴트를 바꾸
어야 한다. 첫째, 좌석에 스크린이 있으면 자리에 앉았을 때 꺼둘
것. 둘째, 당신이 탄 비행기에 와이파이가 있으면 사용료를 내지
말 것. 비행을 시작할 때 이 두 가지 선택을 해두고 안전벨트를 매
면 3만 5천 피트 상공에서 초집중 모드를 즐길 수 있다.*

---

* 이 전술은 아이와 함께하는 여행이 아니라는 전제에서 적용된다. 아이를 동반했다면… 행
운을 빈다. 그때는 이용할 수 있는 모든 주의 분산 방법을 동원해야 할 것이다.

제이크

구글에서 일한 10년간 나는 출장을 많이 다녔다. 그동안 공중에서는 어떤 업무도 하지 말자고 나 자신과 약속했다. 비행기에서의 시간은 내 시간이라고 생각하며 글쓰기에 전념했다. 10년 동안 공중에서 많은 모험소설을 썼고 굉장히 만족스러웠다. 비행 중일 때는 동료들도 내가 오프라인 상태임을 불평하지 않았다. 아마 위성에 약간 문제가 생겼거나 수다스러운 옆 사람이 나를 방해한다고 생각했을지 모른다. 아니면 나처럼 비행기에서 오프라인 상태가 되었을 때의 마법을 알았을 수도 있다.

28. 인터넷에 타이머 설치하기

우리가 어릴 때는 전화선을 통해 인터넷에 접속해야 했다(말도 안 된다, 그렇지 않은가?). 다운로드 속도는 굼벵이 걸음이었고 사용 시간에 따라 요금을 내야 했다. 진짜 죽을 맛이었다.

그런데도 전화 접속에는 한 가지 커다란 장점이 있었다. 바로 우리를 의도적으로 만든다는 것이다. 모든 귀찮은 접속 과정을 거치겠다고 마음먹었다면 인터넷을 연결했을 때 뭘 해야 할지 똑똑히 아는 편이 좋을 것이다. 마침내 연결되면 돈을 낭비하지 않기 위해 과제에 집중해야 한다.

항상 접속되어 있는 오늘날의 초고속 인터넷은 굉장히 멋지지만, 세상에서 가장 큰 인피니티 풀이기도 하다. 0.001초도 걸리지 않아 무궁무진한 가능성을 제공하는 인터넷의 세계로 들어갈 수 있는데, 초집중 모드를 유지하는 게 어찌 어렵지 않을 수 있단 말인가.

인터넷을 늘 켜둘 필요는 없다. 디폴트일 뿐이다. 초집중 모드로 들어갈 시간이 되었을 때 인터넷을 꺼보아라. 가장 간단한 방법은 랩톱에서 와이파이를 끄고 스마트폰을 비행기 모드로 설정하는 것이다. 그러나 이런 방법은 취소하기도 쉽다. 인터넷이 잠겨 있어서 들어가지 못하는 상태로 만드는 방법이 훨씬 더 효과적이다.

임시로 인터넷을 차단하는 소프트웨어가 많이 나와 있다. 특정 사이트의 사용 시간을 제한하거나 사전에 정해진 시간 동안 모든 것을 비활성화하는 브라우저 확장 기능이나 앱도 찾을 수 있다. 이런 도구는 끊임없이 최신판이 나온다. maketimebook.com에서 마음에 드는 도구를 찾아봐도 좋다.

혹은 와이파이를 원천적으로 끊을 수도 있다. 인터넷 라우터를 간단한 베케이션 타이머(집에서 멀리 떠나 있을 때 불이 켜지게 함으로써 예비 도둑을 속일 때 쓰는 종류)에 꽂고 오전 6시나 9시, 아니면 몇 시건 간에 하이라이트 실행을 위해 초집중 모드로 들어가고 싶은 시간에 꺼지도록 설정하면 된다.

또는 중고 드로이언DeLorean(영화〈백 투 더 퓨처〉에 나오는 타임머신 자동차–옮긴이)을 한 대 구매한 뒤 유속 충전기를 만들고 플루토늄을 구해서 1994년으로 되돌아가는 방법도 있다. 거기서 순수한 전화 접속을 즐기는 것이다. 하지만 우리를 믿어라. 베케이션 타이머 쪽이 훨씬 더 쉽다.

98쪽에서 밤늦게 하이라이트를 실행할 시간을 어떻게 만들 수 있는지 설명했다. 나는《스프린트》와 내 모험소설 대부분을 그 시간에 썼다. 베케이션 타이머가 없었다면 그렇게 하지 못했을 것이다. 저녁에 글을 쓰려고 앉아 있을 때마다 인터넷이 내 주의를 빼앗아 갔다. 주범은 스포츠 뉴스와 이메일이었다. 글을 쓸까… 아니면 잠깐 시호크스 뉴스부터 확인할까? 그 문장을 수정할까? 윽, 어렵구먼… 그럼 대신 메일함을 열어볼까… 음, 링크드인LinkedIn에서 새 알림이 왔네… 보관해둬야겠어… 클릭!

연달아 클릭하다 보니 글 쓸 의지력과 시간이 사라졌고 이렇게 2시간이 흐릿하게 흘러간 뒤에야 나는 소득 없이 밤늦게까지 깨어 있었던 것에 낙담하며 잠자리에 들었다. 그러다 밤에 일을 끝내려면 자제력이 강해지거나(그럴 일은 없다) 인터넷을 꺼야 한다는 것을 마침내 깨달았다. 그래서 10달러짜리 베케이션 타이머를 사서 밤 9시 30분에 꺼지도록 설정한 뒤 인터넷 라우터를 연결했다.

세상에! 밤 9시 30분이 되자 아이들은 잠들었고 집안일도 마무리되었다. 그때 타이머가 딸깍 소리를 냈다. 그러자… 갑자기 메일함과 시호크스가 사라졌다. 넷플릭스도, 트위터도, 맥루머스Mac Rumors(맥과 애플 관련한 소식을 모아놓은 웹 사이트—옮긴이)도 자취를 감추었다. 내 랩톱은 사막으로 바뀌었고, 맙소사, 아름다웠다.

29. 인터넷 취소하기

크리사Chryssa라는 한 독자가 우리에게 초집중 모드로 들어가는 극단적인 전술을 알려주었다. 크리사네 집에는 인터넷 서비스가 아예 없다. 잘못 들은 게 아니다. 진짜 인터넷이 없다! 와, 세상에! 그리고 크리사가 얻은 결과를 보면 더 긴 설명이 필요 없다. 이 전술을 우리에게 처음 알려준 해에 그녀는 방해 없는 시간을 이용해 소설을 쓰고 새로운 약병을 디자인하고 장난감을 발명했다. 집중했고 생산적이었다.

인터넷을 취소하는 것은 생각만큼 그리 극단적인 방법이 아니다. 그래도 스마트폰을 핫스팟으로 사용해서 인터넷에 접속할 수 있으니까. 하지만 핫스팟을 쓰면 느-리고 비싸-고 굉장히 번거롭다. 크리사의 말처럼, "핫스팟을 사용하려면 두 기기의 설정을 고쳐야 한다. 그 작은 방해물이 99퍼센트의 경우 인터넷 사용을 포기하게 만든다".

이 전술이 구미는 당기는데 아직 인터넷 서비스를 전적으로 취소할 마음의 준비가 되지 않았는가? 완전히 취소하지 않고 일단 시도해보려면 용감한 친구에게 당신의 와이파이 비밀번호를 바꾼 뒤 24시간 동안 절대 알려주지 말라고 부탁해보는 것도 한 방법이다.

30. 시간 구멍 조심하기

어렸을 때 제이크는 가족과 함께 애리조나주에 있는 운석구덩이 Meteor Crater로 자동차 여행을 떠난 적이 있다. 이곳은 그냥 이름만 멋지게 붙인 게 아니라 사막 한복판에 있는 진짜 운석구덩이다. 수만 년 전에 너비 150피트의 암석 덩어리가 지표와 충돌하며 지름 약 1마일의 구덩이가 파였다. 어린 제이크는 구멍이 숭숭 뚫린 바위 위에 서서 충돌의 어마어마한 힘을 상상해보았다. 구덩이 크기가 운석의 30배에 달했다! 그 작은 물체가 그토록 어마어마한 구멍을 만들 수 있다니, 말도 안 돼!

그런데 어쩌면 그렇게 말이 안 되는 건 아닐 수도 있다. 어쨌거나 우리 일상생활에서도 같은 일이 일어나지 않는가. 주의를 분산하는 작은 방해꾼들이 우리의 하루에 훨씬 더 큰 구멍을 만든다. 우리는 이를 '시간 구멍'이라고 부른다. 시간 구멍은 이렇게 생긴다.

- 제이크가 트위터에 메시지를 올린다. (90초)
- 다음 두 시간 동안 제이크는 그 메시지에 대한 반응을 보려고 트위터에 4번 들어간다. 그때마다 뉴스피드를 훑어보고 누군가가 공유한 기사를 두 차례 읽는다. (26분)
- 메시지가 몇 번 리트윗되자 기분이 좋아진 제이크는 머릿속으로 다음 메시지를 구상하기 시작한다. (이 일에 2분, 저 일에 3분 등)
- 제이크가 또 다른 메시지를 올리고, 위의 주기가 반복된다.

작은 트위터 메시지 하나가 하루 30분이라는 구멍을 쉽게 뚫을 수 있다. 이것도 전환 비용을 뺀 계산이다. 트위터를 떠나 하이라이트로 돌아올 때마다 제이크는 모든 맥락과 과정을 뇌에 다시 로딩해야 초집중 모드로 되돌아갈 수 있다.* 따라서 실제 시간 구멍은 45분, 1시간, 심지어 더 많을 수도 있다.

---

* 우리가 가장 좋아하는 한 연구에서 캘리포니아대학 어바인캠퍼스의 글로리아 마크Gloria Mark는 사람들이 주의를 전환했다가 본래 하던 일로 되돌아오는 데 23분 15초가 걸린다는 것을 발견했다.

그러나 인피니티 풀만 시간 구멍을 만드는 건 아니다. 회복 시간도 범인이 될 수 있다. 부리토로 '재빨리' 때운 점심 때문에 3시간의 식곤증이라는 대가를 치를지 모른다. 늦은 밤에 텔레비전을 보는 바람에 1시간 늦잠을 자고 온종일 기운 없이 헤맬 수도 있다. 일정을 예상하는 것도 시간 구멍을 만든다. 30분 뒤에 회의가 있어서 하이라이트를 시작하지 않는다면 그 역시 시간 구멍이다.

당신의 생활 속에는 어디에 시간 구멍이 있는가? 그걸 알아내는 일은 당신에게 달렸다. 모두를 막을 수는 없지만 일부는 피할 수 있고, 그때마다 시간을 만들 수 있을 것이다.

31. 가짜 승리를 진짜 승리로 바꾸기

트위터 메시지, 페이스북 업데이트, 인스타그램의 사진 공유는 시간 구멍을 만들기도 하지만 다른 이유로도 위험하다. 바로 가짜 승리감을 준다는 것이다.

인터넷에서 대화에 참여하면 성취감 같은 것이 느껴지고 "뭔가 일을 했어!"라는 생각이 든다. 사실 이런 대화는 100번 중 99번이 대수롭지 않은 것들이다. 게다가 대가도 뒤따른다. 하이라이트에 쓸 수 있는 시간과 에너지를 잡아먹기 때문이다. 가짜 승리는 당신이 정말로 하고 싶은 일에 집중하지 못하도록 방해한다.

시간 구멍과 마찬가지로 가짜 승리는 온갖 형태와 규모를 띤다. 스프레드시트를 업데이트하느라 당신이 하이라이트로 선택한, 더 힘들지만 의미 있는 프로젝트를 미룬다면 그것도 가짜 승리다. 주방 청소가 아이들과 보내려고 했던 시간을 잡아먹었다면 그것도 가짜 승리다. 이메일 수신함은 가짜 승리의 마르지 않는 샘이다. 이메일을 확인하면 새로운 내용이 없더라도 항상 뭔가 성취한 것처럼 느껴진다. "좋아." 당신의 머리가 말한다. "잘 처리하고 있어!"

초집중 모드로 들어갈 때가 되면 잊지 마라. 하이라이트를 실행하는 것이 진짜 승리다.

32. 주의 분산을 도구로 삼기

페이스북, 트위터, 이메일, 뉴스 같은 인피니티 풀은 주의를 분산하지만 그렇다고 아무 가치가 없지는 않다. 우리는 모두 어떤 이유가 있어서 이들을 사용하기 시작했다. 그러다 분명 어느 시점에선가 습관으로 자리 잡았고 이 앱을 확인하는 것이 우리의 디폴트가 되었다. 무의식적인 일과가 되었더라도 모든 인피니티 풀 앱에는 어느 정도 실제 유용성과 목적이 있다. 요령은 아무 생각 없이 쓰는 게 아니라 목적을 두고 이용하는 것이다.

앱의 목적에 초점을 맞추면 앱과 당신과의 관계를 바꿀 수 있다. 자극이나 유인, 방해에 대응하는 대신 자발적으로 좋아하는 앱(주의를 분산하는 인피니티 풀이라도)을 도구로 사용하는 것이다. 방법은 다음과 같다.

하나. 먼저 특정 앱을 왜 사용하는지부터 확인한다. 순전히 재미를 위해? 친구, 가족과 연락을 유지하기 위해? 특정 종류의 최신 정보를 알기 위해? 그렇다면 그 활동이 실제로 당신의 생활에 가치를 더해주는지 점검해보자.

둘. 다음으로 그 활동에 하루, 한 주, 한 달간 얼마나 많은 시간을 사용하길 원하는지 생각해보고 앱이 그 활동을 수행하기에 가장 좋은 방법인지 검토하자. 예를 들어 가족과 연락하기 위해 페이스북을 사용한다고 해보자. 페이스북이 정말로 연락하는 데 가장 좋은 방법인가? 전화를 거는 게 더 낫지 않을까?

셋. 마지막으로, 당신의 목표를 성취하기 위해 그 앱을 언제, 어떻게 쓰고 싶은지 생각해보자. 그러면 뉴스는 일주일에 한 번 읽어도 되고(#25) 이메일은 하루가 끝날 때 확인하도록 모아두어도 된다는 것을 깨달을지 모른다(#34). 또 아기 사진을 공유하는 것 외에는 페이스북을 포기해야겠다고 마음먹을 수도 있다. 일단 결정을 내렸다면 다른 때는 앱으로의 접근을 제한하여 당신의 계획을 실현하는 데 도움을 주는 여러 메이크 타임 전술을 활용하자.

JZ

트위터를 도구로 생각하자고 마음먹기 전까지 나는 트위터를 둘러보는 데 너무 많은 시간을 쓰곤 했다. 그러다 내 일과 관련한 소식을 알리고 독자들의 질문에 대답하는 데 트위터를 쓰길 원한다고 판단했고, 이를 위해 많은 시간이 필요한 건 아니며 타임라인을 볼 필요가 전혀 없음을 깨달았다. 지금 나는 트위터를 스마트폰이 아니라 랩톱에서만 사용하고 하루 30분으로 시간제한을 두었다. 그 시간을 효과적으로 활용하기 위해 주의를 분산하는 트위터 피드는 건너뛰고 알림화면(URL을 타이핑하여)으로 직행한다. 그리고 할 일을 끝내면 다음 날 트위터 시간이 될 때까지 로그아웃한다(#18).

제이크

나는 JZ보다 자제력이 약하다. 그래서 브라우저 플러그인을 활용해 트위터와 뉴스 웹 사이트 사용 시간을 전부 합쳐 하루 딱 4분으로 제한했다. 이렇게 하니 트위터와 뉴스 사이트에 들어갔을 때 신속하게 움직이는 훈련이 되었다. 나는 일주일에 두 번 브라우저 플러그인을 끄고 시간을 내서 중요한 메시지 대부분에 답을 보낸다…. 그리고 몇몇 트위터 메시지를 읽기도 한다. (언제나처럼, 우리가 추천하는 소프트웨어를 보려면 maketimebook.com을 참조하라.)

33. 잘할 때만 팬 되기

스포츠팬으로 사는 데는 얼마나 많은 시간이 들까? 음, 그리고 거기에서 얼마나 많은 것을 얻을 수 있을까? 요즘은 좋아하는 팀의 프리 시즌, 정규 시즌, 플레이오프 경기뿐 아니라 다른 모든 팀의 경기까지 거실에서 편하게 볼 수 있다. 뉴스, 루머, 트레이드 소식, 1차 지명 소식, 블로그, 각종 예측이 1년 내내 무한정으로 쏟아진다. 끊임이 없다. 항상 최신 정보를 유지하려면 하루에 24시간을 쓰고도 모자란다.

스포츠팬이 되는 데 시간만 드는 건 아니다. 정서적 에너지도 든다. 응원하는 팀이 지면 짜증이 난다. 기분이 꽝이라 몇 시간, 심지어 며칠 동안 기운이 빠진다.* 당신의 팀이 이겼을 때도 행복감에 젖어 하이라이트 영상을 다시 보고 분석을 읽느라 시간 구멍이 생긴다(#30).

스포츠는 우리를 강력하게 지배하고, 부족tribal을 이루려는 타고난 욕구를 만족시킨다. 우리는 부모, 가족, 친구들과 함께 지역 팀을 응원하며 자랐고 동료나 낯선 사람들과 스포츠 관련 토론을 벌인다. 각 게임과 시즌은 예상치 못한 스토리로 전개되지만 (현실의 삶과 달리) 모두 분명한 승리나 패배의 결과를 내고 우리는 깊은

---

* 1994년도 NBA 플레이오프에서 시애틀 슈퍼소닉스Seattle SuperSonics가 덴버 너게츠Denver Nuggets에 패한 뒤 제이크는 석 달 동안 눈물을 터뜨리지 않고서는 문장을 끝맺지 못했다.

만족감을 느낀다.

스포츠를 전부 포기하라고 요구하는 건 아니다. 단지 잘할 때만 팬이 되어 스포츠의 부정적인 면은 건너뛰라고 제안하는 것이다. 당신이 응원하는 팀이 플레이오프에 진출했을 때처럼 특별한 때만 경기를 보아라. 지고 있을 때는 뉴스를 읽지 마라. 여전히 그팀을 사랑하면서도 당신의 시간을 다른 무언가에 쓸 수 있다.

내 할머니 케이티Katy는 위스콘신주 그린베이Green Bay에서 자랐다. 할머니의 아버지가 다니던 고등학교 미식축구 팀 코치는 얼 컬리 램보Earl 'Curly' Lambeau라는 사람이었다. NFL 팬이라면 그 이름을 기억할 것이다. 그린베이 패커스Green Bay Packers 팀은 램보 필드Lambeau Field라는 구장에서 경기했고 컬리는 팀 창단자 중 한 명이었다. 미식축구가 텔레비전시대에 안성맞춤이 되기 훨씬 전에 할머니는 당시 다니던 그린베이이스트고등학교 응원 팀에 차출되어 패커스의 치어리더로 활약했다.

그러니 내 DNA에는 패커스 팬의 피가 흐르고, 그런 까닭에 잘할때만 팬이 되기가 특히 어려웠다. 그래서 나는 약간 다른 접근 방식을 취했다. 패커스 팬 생활에서 진짜 진짜 재미있는 부분에만 초점을 맞추는 것이다. 내게 그것은 친구들과 함께 경기를 보고(이왕이면 브라트부르스트를 안주로 맥주를 마시면서) 램보 필드에서 벌어지는 매섭게 추운 홈경기를 2년마다 한 번씩 보러 간다는 뜻이다.

패커스를 쫓아다니며 더 많은 시간을 쓸 수도 있다. 팀과 관련한 뉴스를 찾아 읽고 주요 선수들을 분석하고 오프 시즌 동안 선수들을 예의 주시할 수도 있다. 그러면 미식축구 시즌을 좀 더 즐길 수 있을 거다. 하지만 그러려면 더 많은 시간이 든다. 그래서 대신 하이라이트 영상, 즉 내게 진짜 즐거움을 주는 부분에 초점을 맞추고 나머지 시간을 중요한 다른 일에 쓴다.

메일 수신함의
속도 늦추기

우리는 비어 있는 이메일 수신함이 높은 생산성의 보증 마크라고 곧잘 생각한다. 수년 동안 우리는 데이비드 앨런David Allen, 멀린 만 Merlin Mann 같은 전문가들에게 감화를 받아 받은 메시지를 하나도 빠짐없이 처리하는 걸 매일의 목표로 삼았다. 제이크는 이메일 관리 강좌를 열어 텅 빈 메일 수신함의 장점에 관해 수백 명의 구글 동료를 교육하기까지 했다.

텅 빈 메일 수신함의 기본 논리는 훌륭하다. 메시지들을 전부 처리해놓으면 일하는 동안 메시지 때문에 주의가 분산되지 않으리라는 것이다. 메일 수신함에서 멀어지면 마음에서도 멀어진다. 이 기법은 하루에 몇 통의 이메일만 받는 이들에겐 굉장히 효과적이다. 하지만 대부분의 사무직 근로자들과 마찬가지로 우리가 하루에 받는 메시지는 몇 통을 훨씬 웃돌았다. 결국 이메일은 우리 통제를 벗어나 그 자체로 생명을 얻었다. 방해받지 않고 업무를 보기 위해 이메일을 처리한다고 하지만, 대부분의 날은 이메일 자체가 업무였다.* 악순환이었다. 답을 더 빨리 보낼수록 더 많은 답을 받았고 바로 다시 답을 보내리라는 기대가 더 높아졌다.

매일의 하이라이트를 위한 시간을 만들기 시작했을 때 우리는 이런 광적인 이메일 처리를 중단해야 함을 깨달았다. 그래서 지난 몇 년 동안 메일 수신함에 브레이크를 걸었다. 쉬운 일은 아니었다. 하지만 초집중 모드로 들어가 하이라이트를 끝내고 싶다면 당신도 참전하여 메일 수신함의 속도를 늦추길 권한다.

그렇게 해서 얻는 보상은 초집중 모드를 얻는 것 이상이다. 연구에 따르면, 이메일 확인 빈도가 줄어들면 스트레스는 덜 받으면서 상황을 잘 파악할 수 있다. 브리티시컬럼비아대학The University of British Columbia이 2014년에 진행한 한 연구는 참가자들이 하루에 이메일을 딱 세 번만 확인하자(내키는 대로 자주가 아니라) 스트레스가 현저히 줄어들었다고 보고했다. 연구원 엘리자베스 던Elizabeth Dunn과 코스타딘 쿠스레브Kostadin Kushlev의 말처럼, "이메일을 줄이면 열대 섬의 따뜻한 바다에서 하루에 몇 번씩 헤엄치는 자신을 그려보는 것만큼 스트레스가 줄어든다". 아마 더 놀라운 결과는 이

• 맥킨지글로벌연구소McKinsey Global Institute의 2012년도 연구에 따르면, 사무직 근로자들은 자기 시간 중 39퍼센트만 실제 업무에 쓰는 것으로 나타났다. 나머지 61퍼센트의 시간을 연락과 조율에 사용한다. 다시 말해 업무에 관한 업무에 쓴다는 건데, 이메일이 그 시간의 거의 절반을 차지한다. 비지 밴드왜건의 세상답군!

메일 처리가 더 능숙해졌다는 점일 것이다. 참가자들이 하루에 세 번만 이메일을 확인한 주에 보낸 답장의 수는 평소와 거의 비슷했지만 속도는 20퍼센트 더 빨랐다. 이메일 확인 빈도를 줄이자 눈에 띄게 시간이 만들어졌다.

이메일 처리 습관을 다시 들이기란 말은 쉬워도 실행은 어렵다. 다행히 회복 중인 이메일 중독자로서 우리는 당신과 메일 수신함의 관계를 바꿀 몇 가지 전술을 제안하려 한다.

34. 하루가 끝날 때 이메일 처리하기

아침에 가장 먼저 이메일을 확인하고 다른 사람들의 우선순위로 끌려 들어가 대응하는 대신 하루가 끝날 때쯤 이메일을 처리하라. 그러면 집중력이 가장 높은 시간을 하이라이트와 그 외 중요한 일에 쓸 수 있다. 하루가 끝날 무렵에는 아마 에너지가 약간 떨어지겠지만 이메일 관련해서는 사실 이런 상태가 좋다. 도착한 요청들을 무리해서라도 전부 수락하고 싶은 유혹을 덜 받고, 간단한 답만 보내도 되는 문제에 몇 페이지씩 선언문을 써 내려갈 가능성도 적기 때문이다.

35. 이메일 처리 시간 정해놓기

하루가 끝날 때 이메일을 처리하는 일과를 정착하려면 일정에 그 시간을 잡아놓는 것이 좋다. 말 그대로 일정표에 '이메일 시간'을 추가하는 것이다. 따로 정해놓은 시간이 있다는 것을 알면 더 수월하게 지금 이메일에 시간을 낭비하지 않을 수 있다. 회의나 퇴근처럼 확실하게 정해진 일 앞에 이메일 시간을 잡아놓을 경우 이메일 처리를 더 끌지 않고 끝내게 되는 또 다른 이점이 있다. 할당된 시간 동안 가능한 한 많은 이메일을 처리한 뒤 다음 일로 넘어가라.

36. 메일 수신함을 일주일에 한 번 비우기

우리는 텅 빈 수신함의 명확함을 좋아하지만 매일 시간을 투입하는 건 바라지 않는다. JZ는 텅 빈 이메일 수신함을 주간 목표로 정했다. 주말까지 모든 이메일을 처리하기만 하면 만족이다. 한번 시도해보기 바란다. 빠른 대응이 필요한 메시지가 왔는지 수신함을 훑어볼 수는 있지만, 그런 메시지에만 답장하라. 다른 긴급한 문제들은 문자 메시지나 전화로 연락하라고 친구들과 가족에게 부탁하면 된다. 그리고 긴급하지 않은 일에 대해서는 동료들(그리고 그 외 모든 사람)도 잠자코 답이 올 때까지 기다려야 함을 깨달을 것이다(연락에 대한 기대를 재설정하는 요령은 #39 참조).

37. 메시지를 편지처럼 생각하기

이메일과 관련된 많은 스트레스는 모든 새 메시지를 늘 확인하고 재깍재깍 답해야 한다는 생각에서 나온다. 그러나 이메일은 종이 편지처럼 다루는 게 좋다. 봉투에 담아 우표를 붙여 보내는 편지 말이다. 일반우편은 하루에 한 번만 배달되고 대부분 당신이 뭔가 조처하기 전까지 한동안 책상 위에 그대로 놓여 있다. 연락의 99퍼센트는 그렇게 해도 괜찮다. 속도를 늦추고 이메일을 있는 그대로 보려고 노력하라. 편지를 멋지게 단장한 최첨단 버전일 뿐이라고 생각하는 것이다.

38. 천천히 답하기

메일 수신함을 통제하려면 무엇보다 마음가짐을 '가능한 한 빨리'에서 '문제 되지 않는 한 천천히'로 바꾸어야 한다. 이메일, 채팅, 문자 메시지, 그 외 메시지에 천천히 답하라. 몇 시간, 며칠, 때로는 몇 주 지나간 뒤에 연락하라. 세상 물정 모르는 바보처럼 들릴 수 있지만, 그렇지 않다.

실생활에서 당신은 사람들이 말을 걸면 반응한다. 한 동료가 "회의 어떻게 할까?"라고 물어봤는데 똑바로 바라보지 않고 못 들은 척하는가? 당연히 아니다. 그랬다간 엄청나게 무례한 짓일 것이다. 실생활의 대화에서는 바로 대답하는 것이 디폴트다. 그건 좋은 디폴트다. 공손한 태도이고 도움도 된다. 하지만 '즉답'이라는 디폴트를 디지털 세계에 적용하면 곤란에 빠지게 된다.

온라인에서는 물리적으로 당신 주변에 있는 관련성이 높은 사람뿐 아니라 누구라도 당신에게 연락할 수 있다. 그들은 당신이 아니라 자신이 편한 시간에, 당신의 우선순위가 아니라 자신의 우선순위에 관해 질문한다. 이메일이나 그 외 메시지 서비스를 확인할 때마다 기본적으로 당신은 "누군지 몰라도 지금 내 시간이 필요한가?"라고 묻는 셈이다. 그리고 곧바로 답장을 보내면 그들과 당신 자신에게 "그게 누구든 혹은 그들이 무엇을 원하든, 나는 다른 사람의 우선순위를 내 우선순위 앞에 놓기 위해 내가 하는 일을 중단할 겁니다"라는 신호를 보내는 것이다.

미친 소리처럼 들릴지 모른다. 하지만 즉답이라는 미친 짓이 우리 문화의 디폴트 행위가 되었다. 이는 비지 밴드왜건의 주춧돌이다.

말도 안 되는 이 디폴트를 바꿀 수 있다. 일괄 처리할(#4) 시간이 날 때까지 메일 수신함을 거의 확인하지 않고 메시지들이 쌓이게 놔두면 된다. 초집중 모드를 위한 시간을 더 많이 만들 수 있도록 답장을 천천히 보내면 된다. 얼간이처럼 보일까 봐 걱정된다면, 초점을 맞추고 현재에 충실한 편이 당신을 동료와 친구로서 더 가치 있는 사람으로 만들어준다는 점을 기억하기 바란다.

비지 밴드왜건의 즉답 문화는 굉장히 강력하기 때문에 이를 극복하고 마음가짐을 바꾸려면 믿음이 필요하다. 당신의 하이라이트를 믿어라. 그 하이라이트는 마구잡이로 주의를 빼앗아가는 방해꾼들보다 우선순위에 둘 만한 가치가 있다. 초집중 모드를 믿어라. 메일 수신함을 훑는 것보다 하나에 초점을 맞추면 더 많은 것을 성취할 것이다.

39. 기대치 재설정하기

이메일 처리 시간을 제한하거나 반응 시간을 늦출 때는 동료와 그 외 사람들의 기대치도 관리해야 한다. 이런 식으로 말하면 된다.

*"일부 중요한 프로젝트를 우선으로 처리해야 해서 대답이 늦습니다.
급한 용건이 있으시면 문자 메시지를 보내세요."*

직접 말해도 되고 이메일 혹은 자동응답으로 보내거나 서명으로 걸어두어도 된다.* 이 문구는 주의 깊게 설계되었다. "일부 중요한 프로젝트를 우선으로 처리해야 한다"는 해명은 합리적이면서도 아주 모호하다. 문자 메시지를 보내라는 제안은 긴급 상황에

• 팀 페리스Tim Perriss에게 경의를! 우리는 페리스의 《나는 4시간만 일한다The 4-Hour Workweek》에 소개된 직장에서의 상호작용에 관한 공격적 접근 방식에서 이런 아이디어들을 접했다.

서의 대처 방안을 제시하지만, 문자 메시지나 전화는 채팅이나 이메일보다 문턱이 높아서 방해받는 빈도가 훨씬 줄어들 것이다.*

이런 분명한 메시지 없이 행동으로 말할 수도 있다. 예를 들어 구글벤처스에서는 우리 두 사람이 이메일에 빨리 반응하지 않는다는 걸 누구든지 알았다. 빠른 대응이 필요하면 문자 메시지를 보내거나 사무실로 찾아왔다. 하지만 우리는 이런 방침을 메시지로 내건 적이 없다. 그냥 천천히 답했을 뿐이고 그러자 사람들이 이를 알아차렸다. 그 덕분에 우리는 스프린트와 글쓰기에 쓸 시간을 더 많이 얻었다. 다시 말해 초집중 모드와 하이라이트를 위한 시간을 더 많이 확보했다.

영업과 고객 서비스 등 어떤 업무는 실제로 빠른 반응이 필요하다. 하지만 업무 대부분에서 느린 반응으로 평판에 입을 피해 (아마 당신이 생각하는 것보다 적을 것이다)는 당신에게 가장 의미 있는 일에 쓸 시간의 확보로 보상되고도 남을 것이다.

---

* '때문에, 왜냐하면'이라는 단어는 그 자체로 강력한 효과가 있다. 1978년의 한 연구에서 하버드대학의 연구원들은 복사기 앞에 늘어선 줄에서 새치기 실험을 했다(때가 1978년이었다는 걸 기억하라). 그냥 "복사기를 써도 될까요?"라고 물어보자 60퍼센트의 대기자들이 그 사람을 끼워주었다. 그런데 "복사기를 써도 될까요? 왜냐하면 제가 복사해야 해서요"라고 물어보자 93퍼센트의 대기자들이 끼워주었다. 대박! 줄 서 있던 다른 사람들도 모두 복사를 해야 했다. 복사기로 할 수 있는 일은 복사뿐이지 않은가. '때문에, 왜냐하면'은 이렇게 마법의 단어다.

40. 발신 전용 이메일 설정하기

스마트폰으로 이메일을 받지 않는 것이 좋지만, 이메일을 보내는 기능이 있으면 간혹 유용할 때가 있다. 다행히 당신은 두 마리 토끼를 모두 잡을 수 있다.

2014년 방해꾼 없는 아이폰을 시도해보기로 마음먹었을 때 나는 이메일을 보내지 못하는 것이 몹시 아쉽게 느껴져 놀랐다. 내가 얼마나 자주 메모나 알림을 나 자신에게 보내는지, 또는 얼마나 자주 이메일로 다른 사람들과 파일이나 사진을 공유하는지 미처 몰랐던 것 같다. 아이폰에 '발신 전용 이메일' 앱이 있는지 트위터에 물어보았지만 놀림만 받았다.

그래서 친구 테일러 휴스Taylor Hughes(소프트웨어 엔지니어다)에게 물어보았더니 다음과 같은 간단한 기법을 알려주었다.

1. 발신 전용으로 사용할 이메일 계정을 만든다. 어떤 메일이건 상관없지만, 인기 있는 웹 메일 서비스 중 하나를 이용하면 스마트폰에 추가하기 쉽다.
2. 새 계정으로 답장이 들어오면 곧바로 당신의 일반 계정으로 보내지도록 하는 전달 기능을 설정하여 새 계정의 수신함을 항상 비워둔다.
3. 일반 계정 대신 새 계정을 스마트폰에 추가한다.

테일러의 해결책은 엄청나게 효과적이었다. 몇 달 뒤에 친구 리즈완 사타르Rizwan Sattar(역시 소프트웨어 엔지니어다)가 발신 전용 이메일 개념에 호기심이 발동해 콤포즈Compose라는 아이폰 앱을 만들었다. 그 뒤 안드로이드폰으로 옮겨간 나는 발신 전용 앱을 여럿 발견했다. 심지어 새 계정을 안 만들어도 되는 앱도 몇 개 있었다. maketimebook.com에서 우리가 추천하는 앱을 볼 수 있다.

41. 휴가 때 잠수 타기

'자리 비움'을 알리는 다음과 같은 이메일 답장을 받은 적이 있는가?

"저는 이번 주에 휴가여서 이메일을 볼 수 없습니다.
돌아오면 메시지에 답을 드리겠습니다."

이 문장을 읽으면 황량한 사막 풍경이나 유콘주의 얼어붙은 숲, 혹은 동굴 탐험처럼 멀리 모험을 떠나는 이미지가 떠오른다. 하지만 이런 메시지를 보낸다고 꼭 그 사람이 기지국이 없는 외딴곳에 있다는 뜻은 아니다. 그저 일주일 동안 인터넷에 접속하지 않겠다는 의미다.

당신이 휴가를 떠날 때도 어디로 가건 똑같이 말할 수 있다. 잠

수 타기를 선택하는 것이다. 물론 힘들 수는 있다. 대부분의 직장은 당신이 휴가 때도 이메일을 확인하리라는 암묵적인, 터무니없는 기대를 하기 때문이다. 하지만 힘들더라도 대개 가능은 하다.

그리고 그럴 만한 가치가 있다. 휴가에서도 초집중 모드는 중요하다. 아마 휴가라서 더 중요할 것이다. 휴가 기간은 제한되어 있고 소중하니까. 휴가는 업무 이메일 앱을 삭제하고(#24) 랩톱을 놔두고 갈(#22) 완벽한 기회다. 당신은 어디서건 잠수를 타고 진짜 휴가를 즐길 수 있다. 그리고 그렇게 해야 한다.

42. 들어가지 못하도록 잠가놓기

어떤 사람들에게(제이크라고는 말 안 하겠지만… 쿨럭쿨럭) 이메일은 한마디로 도저히 거부할 수 없는 존재다. 이런 전술을 읽고 실천해보고 싶어도 그럴 만한 의지력이 없다는 것만 확인하게 될지도 모른다. 그래도 희망은 있다. 당신이 메일 수신함에 들어가지 못하도록 잠가놓는 것이다.

제이크

몇 년 동안 이런저런 노력을 기울였고 아는 것도 더 많아졌지만, 나는 여전히 이메일과 절망적인 사랑에 빠져 있다. 지금도 나는 수신함에 새롭고 흥미로운 무언가가 왔는지 보려고 가능할 때마다 이메일을 확인한다. 내게는 거부할 만한 힘이 없다.

인정한다. 내 의지력은 꽝이다. 하지만 나는 이메일 사용을 대단히 엄격하게 제한한다. 내 비결은 프리덤Freedom이라는 앱이다. 이 앱으로 이메일에 들어가지 못하게 막아놓는 시간을 정할 수 있다. 나는 '하루 설계하기(#13)' 전술을 이런 방법으로 적용한다. 이 방법은 시간을 어떻게 쓸지 계획을 세우는 데 도움이 되고 즉흥적 처리 대신 계획을 지키게 해준다.

완벽한 이메일 일정을 정하기 위해 나는 스스로 몇 가지 질문을 던졌다.

Q. 아침에 이메일을 확인하지 않아도 문제가 일어나지 않는, 절대적으로 가장 늦은 시간이 언제인가?

A. 오전 10시 30분이다. 나는 유럽 사람들과 일하므로 10시 30분보다 늦게 이메일을 확인하면 하루를 통째로 날린 뒤에야 그 사람들과 연락하게 될 수도 있다.

Q. 처음 이메일을 확인할 때 시간이 얼마나 필요한가?

A. 30분이 적당하다. 그 이상이면 심각하게 주의가 분산되고, 그보다 적으면 긴급하고 중요한 이메일에 답할 시간이 없을 수 있다.

Q. 두 번째 확인 시간으로 절대적으로 가장 늦은 시간이 언제인가?

A. 오후 3시다. 이 시간이면 미국에 있는 사람들과 아직 연락할 수 있다. 더 중요한 점은 이때 이메일을 확인하면 이른 오후 동안 다른 일에 초점을 맞출 시간이 충분하다는 것이다.

이렇게 확인 작업을 한 다음 나는 오전 10시 반까지 인터넷의 그 어떤 것에도 접속하지 못하도록 프리덤을 설정했다. 그리고 10시 반에서 30분 동안 이메일을 확인한 뒤 오전 11시부터 오후 3시까지 프리덤이 다시 나를 쫓아내고 문을 잠그도록(이번에는 이메일만) 했다. 오후 3시쯤 되면 나는 대개 하이라이트를 완료했고 하루가 끝나기 전에 이메일을 확인할 시간도 아직 충분했다.

이 방법의 좋은 점은 날마다 일정을 지키려고 힘들게 결심할 필요가 없다는 것이다. 나는 그저 디폴트를 한번 바꾸고 앱이 나를 대신해 의지력을 발휘하도록 맡겼을 뿐이다.

나처럼 이메일을 향한 사랑 또는 중독과 씨름하는 사람이라면 일정을 정한 뒤 문을 걸어 잠가라. 실제로 어떤 인피니티 풀에도 이렇게 할 수 있다. (우리가 추천하는 최신 잠금 소프트웨어를 보려면 maketimebook. com을 확인하라.)

텔레비전을 '가끔 받는 특별선물'로 만들기

내가 지금껏 본 기술 중에서 정신을 가장 갉아먹는 것이 텔레비전이다. 하지만 텔레비전도 최상의 상태에서는 참으로 훌륭하다.

스티브 잡스Steve Jobs

텔레비전이여, 우리는 그대를 사랑한다. 그대는 우리에게 시간과 공간을 여행하여 다른 사람들의 삶을 경험하게 해준다. 지쳐서 머리에 쥐가 날 때면 긴장을 풀고 재충전하도록 도와주기도 한다. 하지만 메이크 타임의 이번 단계에서는 우리의 주의를 통제하는 문제에 관해 다룰 것이다. 112쪽에서 언급한 통계 수치를 기억하는가? 미국인들이 매일 4.3시간씩 텔레비전을 본다는 통계 말이다. 하루에 4.3시간이라니! 놀랍지 않은가. 텔레비전에는 미안하지만 이 말은 해야겠다. 우라지게도 시간을 많이 잡아먹는군!

우리가 보기에 지금 텔레비전에 바치고 있는 그 시간은 노다지다. 되찾아주길 기다리며 그냥 무더기로 쌓여 있는 알토란과 같다. 이번에도 당신이 해야 하는 일은 디폴트를 바꾸는 것뿐이다.

텔레비전을 내다버릴 필요는 없다. 텔레비전 시청을 매일의 일과에서 특별한 행사로 바꾸면 된다. 제이크와 그의 아내가 아이들에게 아이스크림을 날마다 먹으면 안 되는 이유를 설명할 때 하는 말을 빌리자면, 텔레비전 시청을 가끔 받는 특별선물로 만들면 된다.

이런 변화가 쉽지는 않다. 매일 텔레비전을 보는 것이 강력한 디폴트였기 때문이다. 무의식적으로 텔레비전을 보는 것이 습관이 되었는가? 그런 사람이 당신뿐만은 아니다. 거실은 대부분 텔레비전을 중심으로 꾸며지고, 우리의 저녁 시간은 종종 텔레비전 편성 시간에 따라 계획된다. 직장에서도 잡담의 디폴트 소재가 텔레비전 프로그램이다. 우리는 모두 텔레비전과 함께 자란 탓에 텔레비전이 우리 삶에서 얼마나 많은 공간을 차지하는지 잘 눈치채지 못한다.

하지만 이런 문화적 규범에 맞서면 많은 시간을 해방할 수 있다. 텔레비전 보는 시간을 하루 1시간 이하로만 줄여도 큰 차이가 나타난다. 시간뿐만이 아니다. 하이라이트에 사용할 창의적 에너지의 문이 열릴지 모른다. 제이크가 소설 쓰기 프로젝트에서 깨달은 것처럼, 다른 사람의 아이디어에 끊임없이 노출되면 자기만의 생각을 하기가 어려워질 수 있다.

다음은 텔레비전을 통제하기 위해 시도할 만한 몇 가지 실험이다.

43. 뉴스 보지 않기

텔레비전 시청 습관을 딱 하나만 바꾸어야 한다면 뉴스 끊기를 권한다. 텔레비전 뉴스는 믿을 수 없을 정도로 비효율적이다. 진행자들의 모습, 재탕되는 소식들, 광고, 공허한 코멘트가 무한 반복된다. 텔레비전 뉴스는 대부분 그날 일어난 가장 중요한 사건들을 요약해서 알려주기보다 시청자가 동요하고 채널을 고정하도록 엄선된, 불안을 유발하는 소식들을 보여준다. 텔레비전 뉴스를 보는 대신 하루에 한 번 혹은 일주일에 한 번 기사를 읽는 습관을 들여라(#25).

44. 텔레비전을 구석에 두기

우리는 대개 거실 가구를 텔레비전 중심으로 배치하여 텔레비전 시청을 디폴트 활동으로 만든다. 다음 그림과 비슷한 식이다.

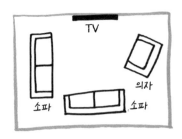

이런 배치 대신 텔레비전 시청이 좀 어색하거나 불편해지도록 가구를 재배치하라. 다음 그림처럼 배치하면 대화가 거실에서의 디폴트 활동이 된다.

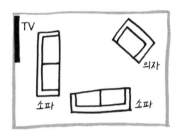

이 아이디어를 낸 사람은 제이크의 친구이자 세 아이의 부모 인 신디와 스티브이다. 신디는 "우리는 여전히 텔레비전 쇼를 함 께 볼 수 있고 보기도 해요. 하지만 가구를 이렇게 배치하니 대화 를 나누기가 훨씬 쉬워졌어요. 그 검은 네모 상자가 방의 모든 빛 을 빨아들이지도 않고요"라고 말한다. 신디가 중요한 점을 짚었 다. 꺼진 텔레비전 화면은 우리에게 켜달라고 애원한다. 화면이 눈에 띄지 않게 텔레비전을 놓아두면 거부하기가 훨씬 더 쉬워질 것이다.

45. 텔레비전을 버리고 프로젝터 장만하기

다음에 텔레비전을 사러 가면 프로젝터와 접이식 영사막 구매를 고려해보라. 가장 저렴하게 영화관 같은 큰 화면을 얻는 방법이다. 게다가 시청을 원할 때마다 프로젝터를 설정하기가 여간 성가신 게 아니다. 이런 번거로운 과정은 물론 장점이다. 디폴트를 꺼주기 때문이다. 당신은 특별한 때만 프로젝터를 꺼내고 싶어질 것이다. 그리고 번거로움을 물리치고 프로젝터를 켰을 때는 굉장한 경험을 하게 된다. 양쪽의 장점을 둘 다 취하는 셈이다. 즉 가끔 근사한 시청 경험을 하고 다른 때는 더 많은 자유 시간을 얻는다.

46. 뷔페보다 일품요리

스트리밍 서비스(인터넷으로 음성이나 영상, 애니메이션 등을 실시간으로 즐길 수 있는 서비스─옮긴이)를 구독했을 때의 문제는 항상 무언가가 올라온다는 것이다. 거실에 항상 주의 분산 뷔페를 차려놓은 것이나 마찬가지다. 케이블, 넷플릭스, HBO, 훌루Hulu 등등을 탈퇴하고 그 대신 영화와 1회 방송분을 한 번에 하나씩 대여하거나 구매하라.[*] '올라온 것을 보자'에서 '내가 정말 무언가를 보고 싶어 하는가?'로 디폴트를 바꾸자는 이야기다. 극단적으로 들릴 수 있겠

---

[*] 넷플릭스도 일품요리로 즐길 수 있다. 홍보되는 옵션은 아니지만, 그냥 당신이 정말로 보고 싶은 쇼(예를 들어 〈기묘한 이야기〉)가 올라오길 기다렸다가 한 달 동안 가입한 뒤, 다 보자마자 탈퇴하면 된다. 요금을 낸 달이 끝나면 서비스가 자동으로 끊길 테고 그러면 당신의 디폴트가 '영구적'에서 '일시적'으로 바뀔 것이다.

지만 일시적으로는 실험해볼 만하다. 이전으로 돌아가고 싶다면 아주 쉽게 다시 가입할 수 있다.

47. 사랑한다면 놓아주기

텔레비전을 포기할 필요는 없다. 하지만 텔레비전 보는 시간을 줄이기 힘들면 극단적인 방법으로 한 달간 무작정 끊어볼 수 있다. 텔레비전의 플러그를 뽑아서 벽장에 넣거나 10마일 떨어진 로커에 넣은 뒤 열쇠를 숨겨라. 그렇게 해서 남는 시간에 무엇이건 당신이 해야 하는 일을 하라. 그냥 텔레비전 없이 한 달을 지내보는 것이다. 한 달이 다 되어가면 텔레비전을 보지 않아서 남는 시간에 했던 일을 전부 떠올려보고 그중에서 얼마나 많은 시간을 텔레비전에 되돌려주고 싶은지 판단하라.

제이크

나는 2008년에 가족과 함께 스위스로 이사하면서 뜻하지 않게 텔레비전 시청 습관을 바꾸었다. 우리는 오래된 텔레비전 세트를 놔두고 가기로 했고, 그 결과 텔레비전 없이 18개월을 보냈다. 그렇다고 문명에서 완전히 차단된 것은 아니었다. 일주일에 두 번씩 99센트를 내고 콜버트 리포트The Colbert Report를 다운받아서 컴퓨터 주변에 옹기종기 모여 앉았다. 하지만 그 외 시간 대부분에는 그야말로 볼 것이 없었다.

나는 텔레비전과 함께 자랐고, 텔레비전이 내 일상이 아니었던 때가 기억나지 않는다. 그래서 내가 텔레비전을 전혀 그리워하지 않는다는 것을 깨닫고 놀랐다. 가족과 저녁식사를 하거나 레고 블록을 가지고 놀거나 산책이나 독서를 하는 등 언제나 뭔가 할 일이 있었다. 정말로 영화를 보고 싶으면 DVD를 찾아서 컴퓨터로 재생했다. 가끔 그렇게 영화를 봤지만 매일의 일과가 아니라 특별 행사였다.

미국으로 돌아왔을 때 텔레비전이 없다는 사실을 인식하기까지는 한참이 걸렸다. 그 사실을 떠올렸을 때는 텔레비전을 다시 우리 삶에 들여올지 말지 망설였다. 우리는 텔레비전을 없애서 얻은 시간에 다른 활동을 하는 데 익숙해졌고, 만약 텔레비전을 들여오면 디폴트가 '텔레비전 켜기'로 다시 바뀔 것을 알았다.

지금은 내 인생에서 텔레비전을 '가끔 받는 선물'로 삼은 지 거의 10년이 되어간다. 굉장히 만족스럽다. 나는 여전히 영화와 가끔 나오는 시리즈물을 보길 좋아하지만, 보더라도 내게 통제력이 있음을 느낀다. 그렇게 해서 남은 노다지 같은 시간에 글을 쓰고 아들들과 어울릴 수 있다. 아이스크림과 마찬가지로 텔레비전은 매일 잔뜩 먹기보다 가끔 즐겨야 훨씬 더 만족스럽다.

흐름 발견하기

48. 문 닫아걸기

> *문을 닫는다는 것은 여러분의 결심이 진심이라는 것을*
> *세상과 자신에게 알리는 것이다.*

스티븐 킹Stephen King, 《유혹하는 글쓰기On Writing》

스티븐의 말이 옳다. 집중이 필요한 하이라이트라면 자신을 위해 문을 닫아걸어라. 문을 닫을 방이 없다면 몇 시간 동안 진을 칠 장소를 찾아라. 그런 장소를 구하지 못했다면 이어폰을 써라. 실제로 음악을 틀지 않아도 상관없다.

이어폰과 닫힌 문은 당신을 방해하지 말라는 것을 다른 모든 사람에게 알리는 신호다. 또 자신에게 보내는 신호이기도 하다.

스스로 "내가 주의 집중하는 데 필요한 것은 전부 여기에 있어"라고 말하고, 초집중 모드로 들어갈 시간이라고 알리는 것이다.

49. 마감 시간 정하기

마감 시간보다 더 집중력에 도움이 되는 건 없다. 다른 누군가가 목을 빼고 결과를 기다리면 초집중 모드에 돌입하기가 훨씬 쉽다.

문제는 마감 시간이 보통 우리가 하고 싶은 일(우쿨렐레 연습 같은)이 아니라 두려워하는 일(소득신고 같은)에 정해진다는 것이다. 하지만 이는 쉽게 해결할 수 있다. 스스로 마감 시간을 정하면 된다.

정해진 마감 시간은 우리가 진행한 스프린트의 비밀 재료였다. 스프린트에서는 매주 금요일에 고객 인터뷰 일정을 잡아놓기 때문에 월요일에 스프린트를 시작할 때부터 모든 사람이 시간이 똑딱똑딱 흘러가고 있음을 인식한다. 팀원들은 목요일 밤 이전까지 과제를 해결하고 프로토 타입을 제작해야 한다. 어쨌거나 금요일이 되면 낯선 사람들(인터뷰에 참여할 고객)이 들이닥칠 것이다! 마감 시간은 전적으로 우리가 정했지만, 팀원들이 닷새 내내 초집중 모드를 유지하는 데 도움이 된다.

당신도 하고 싶은 일을 위한 시간을 만드는 데 도움이 될 마감 시간을 스스로 정할 수 있다. 5킬로미터 마라톤 출전을 신청해둔 다거나, 파스타 만드는 법을 배우고 싶다면 집에서 만든 파스타를 먹으러 오라고 친구들을 미리 초대해두어도 좋다. 그림을 그리기에 앞서 미술 전시회에 출품하겠다고 등록해놓을 수도 있다. 또는 친구에게 오늘 당신의 하이라이트가 뭔지 말하고 그 일을 끝냈는지 추궁해달라고 부탁해도 된다.

나는 고등학교 시절 육상과 크로스컨트리 경주를 했다. 하지만 대학 때는 캠퍼스를 한 바퀴 달리러 나간 적조차 없다(분명 바쁘긴 했지만, 피맥을 즐기던 당시의 생활 방식이 더 중요한 범인이었던 것 같다). 그래서 졸업 후 시카고로 옮겨 갔을 때 다시 장거리 달리기를 할 방법을 찾기 시작했다. 그런데 시간을 내기가 어려울 것 같았다.

첫해 여름에 친구 맷 쇼브Matt Shobe가 시카고에서 열리는 프랑스 혁명일 기념 5킬로미터 마라톤 경주에 나가지 않겠느냐고 물었다. 내가 처음 보인 반응은 "에잇 안 돼, 준비가 안 됐어"였다. 그런 뒤 나는 프랑스혁명 기념일이 한 달도 넘게 남았다는 걸 알게 되었다. 당시 나는 달리기를 시작할 구실을 찾고 있었고 한 달이면 훈련하기에 충분했다. 아싸, 알았어, 나갈게! 이 약속만으로 내게 동기부여가 되었다.

마감 시간이 정해지자 나는 간단한 훈련 계획을 세우고 착수했다. 시작해보니 시간을 내기가 그리 어렵지 않았다. 경주는 재미있었고 심지어 20분 전에 결승선에 들어오기까지 했다. 그 이후부터 나는 마감 시간 만들기의 열혈 팬이 되었다.

50. 하이라이트 분해하기

어디서부터 시작해야 할지 잘 모를 때는 실행하기 쉽게 하이라이트를 작은 조각으로 나누어보라. 예를 들어 하이라이트가 '휴가 계획 세우기'라면 이렇게 쪼갤 수 있다.

- 휴가 날짜를 달력에서 확인한다.
- 안내 책자를 훑어보고 가능한 목적지 목록을 만든다.
- 가족과 목적지에 관해 의논하고 가장 마음에 드는 곳을 선택한다.
- 온라인으로 항공 요금을 알아본다.

각 항목에 동사가 포함되어 있다는 점에 주목하라. 각각 구체적이다. 또한 사소하고 비교적 쉬운 일들이다. 우리는 이런 기법을 생산성의 마술사인 데이비드 앨런에게 배웠다. 앨런은 프로젝트를 물리적 행동으로 나누는 것에 관해 이렇게 이야기했다.

당신이 실행하고 완료할 수 있는 작업이라고 인식하는 무언가로 초점을 옮기면 긍정적인 에너지와 방향성, 의욕이 실질적으로 높아질 것이다.

메이크 타임 사전에서, 실행할 수 있는 작은 할 일은 당신이 추진력을 얻고 초집중 모드를 유지하도록 한다. 따라서 하이라이트가 벅차다고 느껴지면 다이너마이트로 작게 깨트려라.

51. 초집중 모드의 배경음악 틀기

초집중 모드로 들어가고자 애쓰고 있다면 신호를 이용해보라.

신호란 의식적으로건 무의식적으로건 당신을 행동하게 만드는 촉발 장치를 말한다. 찰스 두히그Charles Duhigg가《습관의 힘The Power of Habit》에서 설명한 '습관 고리habit loop'의 첫 단계이기도 하다. 먼저 신호는 당신의 뇌가 이 고리를 시작하도록 자극한다. 시작 신호는 반복 행동을 자동으로 수행하게 만든다. 그리고 마침내 보상을 받는다. 보상이란 뇌에 만족감을 주어 다음에 그 신호가 주어지면 다시 같은 행동을 하게 만든다.

우리 주변에는 사소한 행동을 촉발하는 신호들이 많다. 예를 들어 프렌치프라이 냄새는 더블치즈버거를 맘껏 즐기라고 우리를 유혹한다. 하지만 초집중 모드처럼 좋은 습관을 시작하는 당신만의 신호도 만들 수 있다.

우리는 음악을 초집중 모드의 신호로 사용하라고 제안한다. 하이라이트를 시작할 때마다 같은 음악이나 앨범을 틀어놓거나 하이라이트의 유형에 따라 특정한 음악이나 앨범을 선택하라. 예를 들어, 제이크는 아주 짧은 운동을 할 때는 마이클 잭슨의 〈빌리 진Billi Jean〉과 〈빗 잇Beat It〉을, 모험소설을 쓸 때는 항상 M83의 앨범

〈허리 업, 위아 드리밍Hurry UP, We're Dreaming〉을 튼다.* 그리고 둘째 아들과 기차놀이를 할 때마다 테임 임팔라Tame Impala의 〈커런츠 Currents〉를 듣는다. 몇 곡이 흘러가면 그는 몰입하게 된다. 음악은 제이크의 뇌에 어떤 반복 행동을 할지 상기시켜준다.

제이크는 다른 때는 음악을 틀지 않는다. 음악은 이 특별한 활동들을 위해 남겨둔다. 몇 번의 반복을 거치면 음악은 습관 고리의 일부가 되어 제이크의 뇌에 초집중 모드로 들어가라고 분명한 신호를 준다.

자신만의 배경음악을 찾고 싶다면 당신이 정말로 좋아하지만 그리 자주 듣지 않는 노래를 떠올려보라. 일단 배경음악을 선택하면 초집중 모드에 들어가고 싶을 때만 그 노래를 듣기로 스스로에게 약속하라. 초집중 모드의 배경음악은 당신이 좋아하는 음악이어야 한다. 그래야 음악이 신호이자 보상이 된다.

이제 막 춤을 추려는 그대들에게 경의를!

52. 눈에 보이는 타이머 설치하기

시간은 눈에 보이지 않는다. 그러나 꼭 그럴 필요는 없다.

• 소설이 아닌 글을 쓸 때는 메탈리카의 〈마스터 오브 퍼펫Master of Puppets〉을 틀지만, 제이크는 쑥스러워서 이 사실을 인정하지 않는다.

우리는 '타임 타이머Time Timer'를 소
개하는 걸 좋아한다. 노골적인 구매
권유처럼 들릴지 몰라 미리 말해두자
면, 타임 타이머가 팔린다고 우리에게
떡고물이 떨어지는 건 아니다.

간단히 말해, 우리는 타임 타이머를 사랑한다(그리고 타임 타이머
에 관해 말하는 것도 사랑한다). 우리는 스프린트를 진행할 때마다 타임
타이머를 사용했다. 제이크는 집에 타임 타이머가 다섯 개나 있
다. 이건 굉장한 발명품이다.

타임 타이머는 아이들을 위해 디자인된 특별한 시계다. 1분부
터 60분까지 간격을 설정할 수 있고, 시간이 지나가면서 빨간색
원반이 천천히 줄어든다. 그러다 빨간 원반이 사라지면 타이머가
울린다. 굉장히 간단하지만 완전히 천재적이다. 시간을 보이게 만
들기 때문이다.

초집중 모드에 들어갈 때 타임 타이머를 사용하면 좋은 의미로
즉각적이고 본능적인 절박감을 느낄 수 있다. 타임 타이머는 시간
이 지나가고 있음을 시각적으로 보여줌으로써 당면 과제에 집중
하게 한다.

제이크

나는 막내랑 놀 때 종종 타임 타이머를 설정한다. 가혹하게 보일 수
있다는 건 알지만(굳이 꼭 그래야 한다면 나를 심판하라) 이렇게 해놓으면
아들은 우리에게 시간이 얼마나 있는지 분명히 알게 되고, 내게는
이 소중한 시간이 순식간에 지나가 버리므로 올인해서 순간을 즐겨
야 한다고 상기시켜준다.

53. 근사한 도구의 유혹에 넘어가지 않기

최고의 할 일 목록 앱은 무엇인가? 메모와 스케치에 적합한 최상
의 노트패드와 펜은? 가장 좋은 스마트시계는?

우리는 저마다 제일 선호하는 제품이 있다. 인터넷은 '최고의
제품'이나 '멋진 새로운 방법'에 관한 수많은 논문의 보고다.[•] 하
지만 도구에 대한 이런 집착은 잘못됐다. 목수나 기계공, 외과의
사가 아닌 이상 완벽한 도구를 선택하는 일 자체가 주의를 분산하
는 방해꾼이자 하고 싶은 일을 하는 대신 당신을 바쁘게만 하는
또 다른 원인이다.

• 실제로 인터넷에서 기기, 앱, 도구, 장비에 관한 토론보다 인기 있는 건 고양이 영상뿐이다.
출처: 우리가 자체적으로 수행한 〈우리가 클릭한 링크 연구〉.

꿈꾸는 영화 대본을 실제로 쓰기보다 멋진 글쓰기 소프트웨어를 랩톱에 설치하는 편이 더 쉽다. 실제로 스케치를 시작하기보다 일본산 메모지와 이탈리아산 펜을 구매하는 게 더 쉽다. 그리고 페이스북을 확인하는 것과 달리(이건 누구나 비생산적인 일임을 안다) 근사한 도구들을 조사하고 만지작거리면 마치 일하는 것처럼 느껴진다. 하지만 실제로는 아니다.

쉽게 구할 수 있는 단순한 도구를 쓰면 초집중 모드에 더 쉽게 들어간다는 장점도 있다. 그러면 기기가 고장 나거나 배터리가 다 닳거나 집에 두고 와도 당황하지 않을 것이다.

나는 근사한 도구에 열광했다. 2006년에 나는 완벽한 생산성 소프트웨어를 발견했다. 사용자에게 무한정 맞추어 필기하고 정리할 수 있는 간단하지만 강력한 모리Mori라는 앱이었다.

잔뜩 들뜬 나는 랩톱에 모리의 환경을 설정하고 내 모든 프로젝트를 여기에 올리느라 수많은 시간을 썼다. 그리고 내가 옳았다. 이 앱은 완벽했다. 이윽고 모리는 내 두뇌의 연장선이 되었다.

하지만 몇 달이 지나자 상황이 삐걱거리기 시작했다. 컴퓨터의 운영체제를 업그레이드했더니 새 버전이 모리와 호환되지 않았다. 집에서 내 메모를 보려고 했는데 랩톱을 직장에 두고 온 적도 있었다. 그러던 어느 날 개발자가 모리를 완전히 중단해버렸다. 나는 당황

해서 정신이 나갈 지경이었다.

근사한 도구에는 또 다른 문제가 있다. 바로 취약하다는 점이다. 기술적 결함부터 내 건망증에 이르기까지 무엇이건 내가 초집중 모드에 돌입해 하이라이트에 시간을 쓰지 못하도록 방해할 수 있다.

모리가 사라진 뒤 나는 단순하고 쉽게 구할 수 있는 도구들을 사용해 업무를 관리하기 시작했다. 컴퓨터에서는 텍스트 파일, 스마트폰에서는 메모장, 기본적인 포스트잇, 공짜로 쓸 수 있는 호텔의 펜 따위다. 10년이 더 지난 지금도 이런 일상 도구들은 여전히 효과적이다. 그리고 나는 새로운 멋진 도구를 쓰고 싶은 유혹을 받을 때마다 모리를 떠올린다.

54. 종이로 시작하기

스프린트에서 우리는 랩톱을 끄고 대신 펜과 종이를 사용할 때 일이 더 잘된다는 사실을 발견했다. 개인적 프로젝트에서도 마찬가지다.

종이는 집중력을 높여준다. 하이라이트에 공을 들이는 대신 완벽한 폰트를 선택하거나 웹에서 무언가 검색하느라 시간을 낭비하지 않기 때문이다. 또 종이는 덜 위압적이다. 대부분의 소프트웨어는 일련의 단계를 거쳐 완성품을 내놓도록 설계되어 있지만, 종이를 쓰면 응집된 아이디어까지 이르는 당신만의 방법을 사용할 수 있다. 워드는 여러 줄의 글을 작성하도록 고안되었고 파워포인트는 도표와 글머리 기호를 쓸 수 있도록 만들어졌지만, 종이에서는 무엇이든 할 수 있다.

다음에 초집중 모드로 들어가려고 할 때는 컴퓨터나 태블릿을 치우고 펜을 집어 들어라.

初집중 전술

몰입 유지하기

초집중 모드에 들어가는 것은 시작일 뿐이다. 몰입을 유지하고 하이라이트에 계속 주의를 집중해야 한다. 집중은 어려운 일이어서 주의를 분산하는 방해꾼에 어쩔 수 없이 솔깃해지기 마련이다. 그런 유혹을 뿌리치고 정말로 중요한 일에 초점을 맞추기 위해 우리가 좋아하는 기법을 소개한다.

55. '무작위 질문' 목록 만들기

스마트폰이나 브라우저를 열고 싶어 초조해지는 건 자연스러운 일이다. 새 이메일이 왔는지 궁금하고(새 이메일이 와 있긴 하다), 그 영화에 나오는 그 배우가 누구였는지 알고 싶어 안달이 나기도 한다(피어스 브로스넌이었다).

이처럼 궁금증이 들썩일 때마다 반응하는 대신 종이에 질문을 적어보아라(아마존에서 양모 양말 가격은 얼마일까? 페이스북이 업데이트되었을까?). 꼭 알아야 할 것 같은 주제들을 나중에 조사할 수 있도록 포착해두었으니 안심하고 초집중 모드를 유지하라.

56. 한 번의 호흡에 주목하기

한 번 호흡할 때의 신체적 감각에 주목하라.

> **하나.** 코로 숨을 들이쉬면서 공기가 가슴을 채우는 것에 주목하라.
> **둘.** 입으로 숨을 내쉬면서 몸이 부드러워지는 것에 주목하라.

원하면 이 과정을 반복해도 되지만, 주의를 환기하는 데는 한 번의 호흡이면 충분하다. 몸에 주의를 집중하면 뇌의 잡음이 차단된다. 그리고 한 번 호흡하는 동안만 생각을 멈추어도 당신이 원하는 것, 즉 하이라이트로 주의를 되돌릴 수 있다.

57. 지루해지기

주의를 분산하는 방해꾼을 빼앗기면 지루해질 수 있다. 사실 지루
함은 좋은 것이다. 지루함은 마음이 여기저기 돌아다닐 기회를 주
고 그렇게 방랑하다 보면 종종 흥미로운 장소에 이른다. 펜실베
이니아주립대학과 센트럴랭커셔대학이 개별적으로 진행한 연구
에서 연구자들은 실험 대상자 중 지루함을 느낀 사람들이 그렇지
않은 사람들보다 창의적인 문제 해결에 더 능하다는 것을 발견했
다.* 그러니 몇 분 동안 자극이 없다고 느껴지면 그냥 가만히 앉아
있어보라. 지루하다고? 운이 좋군!

58. 막힌 채로 그냥 있기

막히는 것은 지루한 것과는 약간 다르다. 지루할 때는 할 일이 아
무것도 없지만, 막혔을 때는 무엇을 하고 싶은지 정확하게 안다.
다만 어떻게 진행해야 할지 잘 모를 뿐이다. 다음에 무엇을 써야
할지 또는 새로운 프로젝트를 어디에서 시작해야 할지 막막한 상
태다.

---

* 연구원들이 실험 대상자들을 어떻게 지루하게 만들었는지 궁금할까 봐 알려주자면(우리는
궁금했으니까) 펜실베이니아주립대학에서는 지루한 영상을 이용했고 센트럴랭커셔대학에서는
사람들에게 전화번호부 숫자를 베껴 쓰게 했다. 연구원들도 괴짜들이다.

'막다른 골목'에서 벗어나는 손쉬운 방법은 다른 무언가를 하는 것이다. 스마트폰을 확인하거나 이메일을 휘갈겨 쓰거나 텔레비전을 켜거나. 그런데 이런 일들은 쉬운 만큼 하이라이트를 위해 만든 시간을 야금야금 잡아먹는다. 그러니 그냥 막힌 채로 있어라. 포기하지 말라. 텅 빈 스크린을 물끄러미 바라보거나 종이에 써 보거나 이리저리 걸어 다니되 지금 하는 프로젝트에 초점을 유지하라. 의식적으로는 좌절감이 느껴지더라도 뇌의 조용한 부분들은 일을 진행하면서 앞으로 나아가고 있다. 결국 막힌 부분이 풀릴 것이고, 그러면 포기하지 않았던 선택이 기쁠 것이다.

59. 하루 쉬기

여러 기법을 시도해봤지만 아직 초집중 모드에 들어가지 못했다 해도 자책은 금물이다. 당신에게는 휴일이 필요할 수도 있다. 에너지, 특히 창의적 에너지는 변동이 심하므로 가끔 보충할 시간이 필요하다. 우리는 대부분 원할 때마다 휴가를 낼 수 없지만 일을 쉬엄쉬엄하기로 스스로 결정할 수는 있다. 온종일 진짜 휴식을 취하고(#80) 재충전에 도움이 될 즐거운 일로 하이라이트를 바꾸어 보라.

60. 올인하기

우리는 휴식의 힘을 믿지만, 다른 대안도 있다. 진솔한 현대의 수도승에게 들은 전술을 소개하겠다.

알다시피 극도의 피로함에 대한 해독제가 꼭 휴식은 아니다….
성심을 다하는 것이 해독제다.

데이비드 스타인들라스트David Steindal-Rast 수사

좋다. 성심을 다한다는 개념에 관해 이야기해보자. 성심을 다하는 것은 어떤 거리낌도 없이 완전히 전념하는 것이다. 경계심을 버리고 오직 당신의 일, 관계, 프로젝트 혹은 그게 무엇이든, 마음을 다하는 것이다. 열정적이고 성실하게 그 순간에 나를 던진다.

우리는 성심을 다하는 것이 현재에 충실하기, 주의를 기울이기, 중요한 일을 위한 시간 만들기 등 이 책에서 이야기하는 모든 것의 기본이라고 믿는다. 이 개념에 대한 데이비드 수사의 주장은 초집중 모드에 접근하는 새로운(적어도 우리에게는) 방법이다.

물론 신체적 휴식과 정신적 휴식 둘 다 지극히 중요하다. 하지만 데이비드 수사는 피곤해서 집중이 안 된다고 느낄 때 꼭 휴식할 필요는 없다고 말한다. 때로는 올인해서 현재의 과제를 있는 힘껏 받아들이면 집중이 더 쉬워지고 이미 에너지가 있다는 걸 알게 될 수도 있다.

과격한 소리처럼 들리겠지만 우리가 산증인이다. 우리는 스프린트에서 여러 팀이 성심을 다해 일할 기회를 얻고 마침내 정말로 관심 있는 프로젝트에 초점을 맞추면서 에너지로 가득 차는 모습을 보았다. 그리고 우리 역시 이를 느낀 적이 있다.

제이크

> 나는 스마트폰에서 모든 것을 삭제했던 저녁에 이런 경험을 했다. 그 전에는 아이들이랑 놀아주기와 스마트폰 보기 사이에 내 주의가 흩어져 있었다. 에너지를 누르고 아끼고 있었다. 그러나 나무 기차 선로를 조립하고 칙칙폭폭 소리를 내는 데 올인하여 진심으로 나를 던지자 피로가 싹 가셨다.

JZ

> 나는 연안으로 항해할 때마다 이런 기분을 느낀다. 항해하다 보면 정말 녹초가 될 수 있다. 한시도 방심하면 안 되고 끊임없이 출렁대는 배를 돌아다녀야 하는 데다 2시간이나 3시간씩 교대로 잠을 자야 한다. 하지만 항해는 성심을 다하는 것에 보상을 준다. 나는 기분이 어떻건 바다로 향할 때마다 정성을 다해 과제를 받아들인다. 그러면 지치거나 스트레스를 받거나 불안한 느낌이 사라진다.

성심을 다하기가 쉽지는 않다. 인피니티 풀이나 비지 밴드왜건에 반응할 때면 특히 더 힘들다. '쿨하게 대응'하는 데 익숙한 사람이라면 경계 태세를 늦추고 다시 열정적으로 행동하기 위해 어느 정도 연습이 필요할 수 있다.

그러나 가장 큰 방해물은 아마 지금 하는 일에 실제로 마음이 가지 않는 때일 것이다. 자신과 맞지 않는 직장에서 일하는 경우처럼 말이다. 사실 데이비드 수사가 한 말은 이런 상황에서 나왔다. 그는 일 때문에 진이 빠진 친구에게 그 일을 그만두고 열정에 초점을 맞추라고 조언했다. 물론 우리가 직장을 때려치우라고 권하는 건 아니다. 주도적으로 일하고 열정적으로 노력을 쏟을 순간을 찾는 것이 중요하다고 강조할 뿐이다. 당신의 시간을 사용할 흥미로운 방법을 선택한다면 성심을 다하는 것이 그리 어렵지는 않다.

에너지 충전

Energize

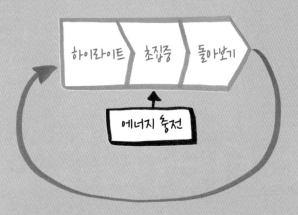

◎

나는 대학교수들을 좋아한다. 하지만 알다시피…
교수들은 자기 몸을 머리의 운송 수단으로 생각한다. 그렇지 않은가?
몸은 머리를 회의로 데려가는 수단이다.

켄 로빈슨 경 Sir Ken Robinson

지금까지 우리는 노력의 초점을 어디에다 맞출지 선택하고, 일정
표와 기기들을 조절하고, 집중력을 높이기 위해 방해꾼을 차단하
며 시간을 만드는 방법에 대해 이야기했다. 하지만 시간을 만드는
더욱 기본적인 방법이 또 있다. 매일 에너지를 늘릴 수 있다면 정
신적, 신체적 피로 탓에 잃어버렸을 순간을 하이라이트를 위한 유
용한 시간으로 바꿀 수 있다.

머리만 중요한 건 아니다

몸속에 배터리가 있다고 상상해보라. 당신의 모든 에너지가 그 배
터리에 저장되어 있고, 스마트폰이나 랩톱과 마찬가지로 100퍼

센트까지 충전될 수도 있고 0퍼센트까지 다 써버릴 수도 있다.

배터리가 바닥을 보이면 완전히 녹초가 된다. 피곤해서 지치고 심지어 우울해질 수도 있다. 페이스북과 이메일 같은 인피니티 풀에 정신이 팔릴 가능성이 가장 큰 시기가 바로 이런 때다. 이처럼 주의가 산만해지고 나면 기분이 더 나빠진다. 지친 데다 시간을 낭비한 자신에게 화가 나기 때문이다. 이것이 배터리가 0퍼센트인 상태다. 진짜 짜증 난다.

이제 배터리가 가득 찼을 때 어떤 기분일지 상상해보자. 발걸음이 가볍다. 푹 쉰 기분이 들고 정신이 맑고 몸은 생생하게 깨어 있다. 어떤 프로젝트건 시작할 준비가 되어 있다. 그냥 준비된 정도가 아니라 신이 나 있다. 기분이 그려지는가? 끝내주지 않는가? 이것이 배터리가 100퍼센트인 상태다.

하이라이트를 선택하여 초집중 모드로 들어가는 것이 메이크 타임의 핵심이다. 이를 위한 비밀 소스가 에너지 충전이다. 우리 이론은 단순하다. 에너지가 있으면 집중력과 우선순위를 유지하고 주의를 분산하는 방해꾼이나 요구에 반응하지 않기가 더 쉽다는 것이다. 배터리가 완전히 충전되어 있으면 현재에 충실해 명확하게 생각할 수 있고 당신 앞에 있는 디폴트가 아니라 정말로 중요한 문제에 시간을 쓸 힘이 생긴다.

집중력 있고 성취도 높은 뇌를 유지하는 데 필요한 에너지를 얻으려면 몸을 돌보아야 한다. 물론 뇌와 몸이 연결되어 있다는 것은 누구나 다 아는 얘기다. 하지만 오늘날에는 뇌만 중요하다고 생각하기 쉽다. 회의실에 앉아 있거나 차를 운전하거나 컴퓨터를 사용하거나 스마트폰을 만지작거릴 때 우리는 뇌에 의지한다. 아, 물론 우리 손가락은 버튼을 누르고 엉덩이는 우리가 의자에 붙어 있게 해준다. 하지만 대부분 몸은 그저 뇌를 태우고 다니는 세그웨이Segway일 뿐이다. 효율적이지만 서투른 운송 수단인 것이다.

뇌와 몸을 완전히 분리된 개체로 보는 이런 인식은 어린 시절에 자리 잡아 계속 강화된다. 우리 두 사람은 성장할 때(제이크는 워싱턴주의 시골에서, JZ는 위스콘신주의 시골에서 자랐다) 수학, 영어, 사회로 뇌를 훈련하고 체육 수업과 스포츠 팀에서 몸을 훈련했다. 두 개가 별개의 세계였다. 뇌는 여기에, 몸은 저기에 있었다.

대학에서는 뇌가 할 일이 늘어났고 운동은 더 이상 필수과목이 아니었다. 풀타임으로 일하는 사무직을 얻었을 때는 뇌가 더 바빠지고 일정표가 꽉 차서 몸을 돌보기가 더욱 힘들어졌다. 그래서 우리는 대부분의 사람들이 하는 대로 대응했다. 뇌가 더 효율적으로 작동하도록 사용할 수 있는 모든 도구나 요령을 시도했고, 그러는 동안 몸은 열외로 밀려났다. 역시나 두 개가 별개의 세계였다. 뇌는 여기에, 몸은 '저 멀리에' 있었다.

오늘날 세계의 디폴트는 뇌가 운전대를 쥐고 있다고 가정하지만 실제로는 그렇지 않다. 몸을 돌보지 않으면 뇌가 일할 수 없다. 점심을 잔뜩 먹은 뒤 늘어지고 나른해지거나 운동 후에 기운이 나고 머리가 맑아진 걸 느낀 적이 있다면 우리가 하는 말을 이해할 것이다. 뇌를 위한 에너지를 원하면 몸을 돌보아야 한다.

하지만 대체 어떻게 해야 할까? 에너지 증진 방법을 알려주는 과학 연구, 책, 블로그 포스트, 토크쇼 게스트는 무진장 많다. 솔직히 말해 상당히 혼란스러울 수도 있다. 잠을 더 많이 자야 할까? 아니면 잠을 줄이도록 훈련해야 할까? 에어로빅이 최고일까? 아니면 근력 운동이 좋을까? 과학적 합의가 불가피하게 바뀌면, 예컨대 지방 섭취를 경고하던 데서 권하는 쪽으로 바뀌면 어떻게 해야 할까?

우리는 수년간 이 모든 조언을 이해하려 노력했고 특히 더 많은 시간을 만들어야 하는 우리의 요구에 맞추어 뇌에 연료를 공급하기 위해 에너지를 충전하는 가장 좋은 방법을 찾아다녔다. 결과적으로 우리는 에너지 증진에 관해 알아야 하는 것의 99퍼센트는 인간의 역사에 있다는 점을 깨달았다. 당신이 할 일은 시간을 거슬러 올라가 확인하는 것뿐이다.

검치호*가 울부짖는 소리에 잠에서 깬 당신

여기가 어디인지 몰라 눈을 비비고 기지개를 켠다. 당신이 누운 곳은 우거진 숲 가장자리 풀밭이고, 나무들 사이로 희미한 새벽빛이 비친다. 곁에는 쪽지가 하나 놓여 있다.

> **반갑습니다!**
> 당신은 5만 년 전으로 돌아왔습니다.

배가 꼬르륵거리고 정신이 몽롱하다. 카푸치노와 크루아상 생각이 간절하지만, 이탈리아와 프랑스는 앞으로 수천 년 동안 생겨나지 않을 것이다. 멀리 어디에선가 또 다른 울부짖는 소리가 언덕 사이로 메아리친다. 끔찍한 하루가 되겠군. 당신은 생각한다.

그런데 다른 한편으로는… 끔찍하지 않다.

당신은 수렵 채집인인 우르크Urk라는 사내를 만난다. 우르크는 당신이 생각하는 전형적인 원시인의 모습이다. 퓨마 생가죽으로 만든 윗옷을 걸치고 어떤 힙스터도 부끄러워질 만큼 개성 넘치는 수염을 길렀다.

---

* 신생대 제4기에 북아메리카 지역에서 번성했던 맹수 ─ 옮긴이

우르크는 당신을 보고 소스라치게 놀라 돌도끼를 휘두르는 자세를 취한다. 하지만 당신의 희한한 옷차림과 머리 모양을 유심히 보고는 심각한 위협이 될 만한 존재가 아님을 알아차린다. 우르크가 웃고 당신도 미소 짓는다. 이렇게 서먹한 분위기가 깨진다.

우르크는 태도가 거칠고 아무리 깨끗이 세탁해도 소용없을 퓨마 생가죽을 걸쳤지만 굉장히 멋진 녀석이었다. 그는 수렵 채집인인 자기 부족에게 당신을 소개했고 사람들은 딸기 채집 원정대에 당신을 데려갔다. 몇 마일을 힘들게 걸어간 당신은 해 질 무렵이 되자 지쳐서 진이 빠졌다. 당신은 무리와 사슴 고기를 나눠 먹은 뒤 두껍고 멋진 매머드 가죽 밑으로 파고들어 갔다. 그리고 별을 쳐다보다가 스르르 잠이 들어 몇 년 만에 최고로 단잠을 잤다.

다음 몇 주 동안 부족민들은 돌도끼 만드는 법, 독초 구별법, 창을 든 사람들 쪽으로 사슴을 몰기 위해 손을 휘젓는 법 등 몇 가지 기본적인 기술을 가르쳐주었다.

당신은 날마다 몇 마일씩 걸어 다녔다. 긴장을 풀고 쉴 수 있는 시간도 날마다 충분히 주어졌다. 다른 사람들과 음식을 나누어 먹었고 혼자서 창을 갈거나 몽상에 잠겨서 시간을 보내기도 했다. 몸은 점점 더 튼튼해졌고 정신은 점점 더 느긋해졌다. 어느 날 저녁 부족민들과 함께 커다랗고 멋진 동굴 안에 진을 쳤을 때 당신에게 영감이 떠올랐다. "이봐요 여러분, 이 동굴에 벽화를 그리면 끝내주게 멋질 거예요. 누가 할래요?"

물론 아무도 대답하지 않았다. 부족민들은 영어를 몰랐기 때문이다. 하지만 상관없었다. 당신은 언젠가 그림을 배우겠다고 늘 생각해왔고 내일 시간을 내서 그림을 시작할 것이다.

————

21세기로 돌아온 것을 환영한다. 걱정하지 마라. 구석기시대로 돌아가 나무 열매만 먹으며 살라고 하거나 비바람을 막아줄 엘크 가죽만 달랑 걸친 채 맨발로 달리라고 권하는 건 아니다. 우리가 우르크를 소개한 데는 중요한 이유가 있다. 우리는 몸과 뇌에 관해 원시인에게 배워야 할 점이 많다고 생각한다. 현대사회가 미쳐 돌아가는 듯 보일 때는 호모 사피엔스가 화면을 클릭하는 사람이나 사무원이 아니라 수렵 채집인으로 진화했다는 점을 떠올리면 도움이 된다.

원시인은 다양한 음식을 먹었고 제대로 된 식사를 위해 종종 온종일(혹은 그 이상) 기다렸다. 끊임없는 이동이 디폴트였다. 걷고 달리고 뭔가를 옮기는 사이사이에 한바탕 맹렬한 활동을 했다. 여가와 가족을 위한 시간도 충분했다. 고고학자들은 고대인이 일주일에 30시간만 '일'했다고 추정한다. 고대인들은 의사소통을 하려면 직접 얼굴을 마주 보는 방법뿐인 유대감이 강한 공동체를 이루어 살았다. 당연히 충분한 수면을 취했고 어두울 때 잠자리에 들어 해가 뜰 때 일어났다.

우리는 그런 고대인의 후손이다. 그런데 인간은 우리 주변의 세상만큼 빠른 속도로 진화하지 않았다. 여전히 우리 몸은 끊임없이 이동하는 생활 방식, 다양하지만 상대적으로 드문 식사, 조용히 얼굴을 마주할 충분한 시간, 하루의 리듬과 일치하는 편안한 수면에 맞게 짜여 있다는 뜻이다.

현대사회는 멋지긴 해도 완전히 다른 생활 방식이 디폴트가 되어버렸다. 신체 활동의 디폴트는 앉아 있는 것이다. 상호작용의 디폴트는 화면이다. 음식은 비닐에 포장되어 나오고 잠은 종종 뒤늦게 생각이 나서 하루에 억지로 욱여넣는다. 대체 어쩌다 이렇게 된 걸까?

현대의 생활 방식은 우연히 형성되었다

호모 사피엔스는 약 20만 년 전 아프리카에 등장했다. 그 뒤 18만 8천 년 동안 모든 사람이 수렵 채집인이라는 같은 직업을 가졌고 우르크와 비슷한 생활을 했다. 그러다 약 1만 2천 년 전부터 인류가 농사를 짓기 시작했고 대부분이 유랑 생활을 그만두고 마을과 읍에 정착했다(농업혁명이라고 하면 불현듯 번뜩인 천재적 발상으로 일어난 사건 같지만, 아마도 농경사회로의 전환은 뜻하지 않게 일어났고 여러 세대에 걸쳐 서서히 진행되었을 것이다). 수렵 채집 생활과 비교하면 농사일과 촌락 생활은 형편없었다. 여가가 확 줄어들었고 폭력과 질병은 급증했다. 안타깝게도 그 전으로 돌아갈 방법은 없었다.*

　우리는 계속 앞으로 나아갔다. 수 세기가 지나면서 연료를 목재에서 화석으로 바꾸었다. 증기와 전기도 정복했다. 그러다 지난 2세기 동안 상황이 미쳐 돌아갔다. 우리는 공장을 지었다. 텔레비전을 발명했고 여기에 푹 빠져 매일의 방송 편성표에 맞춰 수면 시간을 바꾸었다. 우리는 가정용 컴퓨터와 인터넷, 스마트폰을 발명했다. 그때마다 새로운 발명품을 중심으로 삶의 방식을 바꾸었다. 그때마다 그 전으로 돌아갈 방법은 없었다.

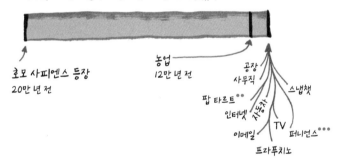

지난 20만 년:
아무것도 바뀌지 않다가 한꺼번에 모든 게 바뀌었다.

호모 사피엔스 등장
20만 년 전

농업
12만 년 전

공장
사무직

팝 타르트**
인터넷
이메일
프라푸치노
TV
자동차
스냅챗
퍼니언스***

---

* 농업혁명의 우발적 성격과 의도하지 않은(하지만 되돌릴 수 없는) 결과에 관한 흥미로운 설명은 유발 노아 하라리Yuval Noah Harari의 《사피엔스Sapiens》를 참조하라.
** 냉동 페이스트리 사이에 잼 등이 든 미국 과자 ─ 옮긴이
*** 양파링 같은 미국 과자 ─ 옮긴이

오늘날의 세계는 천재들이 세심하게 계획해 만든 유토피아가 아니다. 지난 몇 세기, 몇십 년, 몇 년 동안 받아들인 기술에 의해 매우 우발적으로 형성되었다. 인간은 이전 세계에 맞춰 만들어졌는데 다른 세계에 살고 있다. 스마트워치를 차고 세련된 헤어를 하고 공장에서 제작된 디자이너 청바지를 입고 있지만, 그 속의 우리는 아직 우르크다.

그렇다면 어떻게 원시인의 뇌와 몸에 현대적 일을 하는 데 필요한 에너지를 공급할 수 있을까? 과학자, 건강 전문가, 자기계발서 저자들(으흠, 흠!)이 던지는 혼란스럽고 압도적이며 때로 모순되는 조언의 바다에서 당신의 등대는 우르크다. 우르크처럼 살면 기본으로 되돌아갈 수 있다. 현대의 모든 장점을 잃지 않으면서 인간 진화에 맞는 생활 방식에 더 가까이 말이다.

그렇다고 오해하지는 말길. 선사시대가 다 재밌기만 했던 건 아니다. 우르크는 항생제나 초콜릿 근처에 가보지도 못했고 꼬챙이로 양치했다. 하지만 우르크의 사소한 행동 몇 가지를 도입하면 21세기의 가장 좋은 것과 옛 호모 사피엔스의 생활에서 가장 좋은 것, 두 마리 토끼를 다 잡을 수 있다.

에너지 충전을 위해 원시인처럼 행동하기

기본으로 돌아가자는 생각은 큰 기회다. 오늘날의 생활은 우리가 가진 수렵 채집인의 몸과 맞지 않아서 개선의 여지도 많다. 가장 효과적인 기법, 즉 가장 작은 변화로 가장 큰 이익을 얻는 방법은 다음 원칙을 따르는 것이다.

① 계속 움직이기

우르크는 끊임없이 걷고 물건을 옮기고 무언가를 들어 올리고 일을 했다. 우리의 몸과 뇌는 움직일 때 가장 좋은 성과를 낸다. 몸속의 배터리를 충전하려고 마라톤 훈련을 하거나 새벽 극기 훈련에 나갈 필요는 없다. 20~30분만 투자해도 두뇌 활동이 더 활발해지고 스트레스가 줄어들 뿐만 아니라 기분이 나아지고 더 쉽게 숙면하여 다음 날 더 많은 에너지를 얻을 수 있다. 굉장히 기분 좋고 긍정적인 순환이다. 이 책에서는 일상에서 더 많이 움직이도록 도와주는 여러 가지 전략을 소개한다.

② 진짜 음식 먹기

우르크는 채소, 과일, 견과류, 고기 등 스스로 채집하거나 잡을 수 있는 것을 먹었다. 오늘날 우리는 발명되고 제조된 식품을 먹는다. 식단을 완전히 뜯어고치라고 요구하는 건 아니다. 단지 디폴트를 가짜 음식에서 우르크 같은 식단으로 바꾸기 위한 몇 가지 전술을 제안한다.

③ 카페인을 최적으로 활용하기

물론 안다. 선사시대에는 카페가 극히 드물었다. 그러나 뇌와 몸이라는 주제를 다룰 때 카페인 이야기는 필수다. 카페인은 에너지 수준을 향상시켜주는 쉬운 공략 대상이기 때문이다.

④ 잠수 타기

우르크의 세계에서는 거의 아무 사건도 일어나지 않았다. 가끔 마스토돈(신생대 제3기에 번성했던 코끼리와 유사한 동물 ─ 옮긴이)과 벌이는 싸움 말고 특별한 소식도 없었다. 조용함이 디폴트였다. 인간은 정적을 견딜 뿐만 아니라 그 정적을 생산적 사고와 일에 대한 집중에 이용하도록 진화했다. 오늘날의 끊임없는 소음과 집중력을 흩트리는 방해꾼은 에너지와 주의를 지속해야 하는 시간에 엄청난 피해를 준다. 화면 없이 휴식하고 집에 이어폰을 두고 오는 등 조용한 순간을 얻는 쉬운 방법을 소개하겠다.

⑤ 직접 만나기

우르크는 친구와 얼굴을 보면서 소통하는 사회적 동물이었다. 오늘날 우리는 대체로 화면을 통해 상호작용한다. 하지만 당신의 배터리를 충전해주는 사람들을 직접 만나면 옛 방식으로 돌아갈 수 있다. 이것은 기분을 북돋아주는 손쉬운 구석기시대 방법이다.

⑥ 동굴에서 잠자기

미시간대학이 2016년에 수행한 연구에 따르면 미국인들은 영국, 프랑스, 캐나다 사람들과 마찬가지로 매일 밤 9시간 정도를 침대에서 보낸다고 한다. 침대에 누워 있는 시간은 적절해 보이지만, 대부분은 충분히 자지 못한다. 대체 이유가 뭘까? 수면 시간보다 질이 더 중요한데, 각종 화면부터 일정, 카페인까지 세상에는 숙면을 방해하는 장애물들이 가득하다. 우르크의 저녁 시간은 예상 가능한 리듬을 따랐다. 어두울 때 잠을 잤고 잠들지 않은 채 누워서 이메일 때문에 속 끓이는 일이 없었다. 우리는 우르크를 따라 더 잘 쉬고 더 기분이 좋아지고 더 잘 생각하는 방법을 이야기할 것이다.

우리도 안다. "운동을 더 해!", "더 건강하게 먹어!", "원시인처럼 살아!" 같은 조언을 하기는 쉽지만 따르기는 어려운 법이다. 그래서 고차원적인 인생철학을 떠드는 데 그치지 않고 이 아이디어를 한 번에 한 단계씩 실천하는 방법을 구체적으로 이야기하려고 한다. 이제 플러그를 꽂고 배터리를 충전해보자.

계속 움직이기

61. 매일 운동하기(하지만 영웅이 되지는 마라)

매일 꾸준히 하는 일이 어쩌다 한번 하는 일보다 중요하다.

그레첸 루빈Gretchen Rubin

몸을 움직이는 것은 배터리를 충전하는 가장 좋은 방법이다. 하지만 길고 복잡한 운동을 할 필요는 없다. 우리의 신조는 단순하다.

20분 정도 운동하라…

여러 연구에 따르면, 운동이 인지, 건강, 기분에 미치는 가장 중요한 혜택은 단 20분 만에 얻을 수 있다.

… 매일…

운동으로 에너지가 솟고 기분이 좋아지는 효과는 하루 정도 지속된다. 따라서 매일 좋은 기분을 느끼려면 날마다 얼마간의 운동을 하라. 매일의 습관이 가끔 하는 약속보다 더 지키기 쉽다는 이점도 있다.[*]

… (그리고 얼마큼이든 하는 데 의의가 있다).

완벽해지려고 스트레스를 받지 마라. 이번 주에 나흘밖에 운동하지 못했더라도 나흘이 사흘보다는 낫지 않은가! 오늘 20분 동안 운동할 컨디션이 아니면 10분만 하러 나가라. 때로는 10분간 산책이나 달리기 혹은 수영을 시작했다가 기분이 좋아져서 20분 이상으로 늘어날 수도 있다. 일단 움직이기 시작하면 멈추고 싶지 않을 것이다. 10분으로 그치는 때도 있지만 그래도 괜찮다. 아예 안 하는 것보다는 낫다. 그리고 이 정도만 운동해도 에너지가 증진된다.[**]

---

[*] 물론 쉬는 날이 필요하다는 건 알고 있다. 하지만 매일을 목표로 삼았다 해도 일정이나 날씨, 그 외 방해꾼 때문에 뜻하지 않게 쉬는 날이 좀 있을 것이다. 그리고 쉬는 날에도 산책은 할 수 있다.

[**] 가벼운 운동과 뇌에 관한 연구들은 상당히 놀라운 결과를 보여준다. 예를 들어 네덜란드의 라드바우드대학Radboud University이 2016년에 수행한 연구에서는 운동이 단기기억력을 높여준다고 나타났다. 연구 참가자들이 운동 전에 알게 된 정보를 기억하는 것도 마찬가지였다. 코네티컷대학University of Connecticut의 2017년도 연구는 가벼운 신체 활동(산책 등)은 심리적 행복을 북돋지만, 격렬한 활동은 어떤 긍정적 또는 부정적 효과도 없는 것으로 나타났다. 이런 연구를 찾자면 끝도 없을 것 같다. 규칙적인 약간의 운동이 뇌에 미치는 영향의 과학에 관해 자세히(그리고 대단히 재미있게) 살펴보고 싶으면 존 메디나John Medina의 《브레인 룰스Brain Rules》를 읽어보라.

그뿐만 아니라 운동복을 입고 나가는 단순한 행동이 습관을 굳혀주어 앞으로 더 오래 운동하기 위한 동기부여가 쉬워질 것이다.

'딱 충분한 정도'로 접근하려면 사고방식의 전환이 필요하다. 우리는 운동에 대해 선입관이 있다. 종종 자존심과 관계가 있기도 하다. 농구, 암벽등반, 요가, 달리기, 자전거, 수영 혹은 그 외의 어떤 운동이건 많은 사람이 '진짜' 운동이 무엇인지에 관해 편견을 가지고 있다. 이상적인 진짜 운동을 할 만한 상황이 아닌데도 그보다 못한 운동은 운동이라고 생각하지 않는다.

현대문화는 운동에 대한 이런 비현실적인 기대를 부추긴다. 신발업체는 운동을 더 많이, 더 빨리, 더 잘하라고 촉구한다. 잡지 헤드라인은 조각 같은 복근을 만들고 몸의 중심인 코어를 강화할 새로운 기법을 요란스레 떠들어댄다. 사람들은 차에 '26.2' 스티커를 붙여 풀코스 마라톤을 달렸다고 뽐내고, 이에 뒤질세라 울트라마라톤(정규 마라톤 거리인 26.2마일을 크게 웃도는 초장거리 경주─옮긴이) 주자들은 '40' 혹은 '100' 스티커를 붙여서 약골인 정규 마라톤 주자들에게 본때를 보여준다.

우리처럼 평범한 사람들은 어떻게 생각해야 할까? 규모를 4배나 키운 철인 3종 경기로 훈련하거나 쇠사슬을 입에 물고 18륜 트럭을 끌어당겨야 운동으로 쳐줄까? 대답은 '아니요'이다. 울트라마라톤 주자들을 응원해준 다음 잊어버려라. 그리고 조금씩 매일 혹은 가능한 한 매일 운동하라.

날마다 할 수 있는 만큼 운동하기로 생각을 바꾸는 건 으스댈 권리를 포기한다는 뜻일 수 있다. 실제로 꾸준히 할 수 있는 운동을 위해 이상적인 운동을 놓아준다는 뜻이기도 하다. 물론 생각을 바꾸기가 쉽지는 않다. 우리가 대신 생각을 바꿔줄 수는 없지만 이렇게 생각해도 된다고 말해줄 수는 있다. 완벽하지 않아도 괜찮다. 어떻게 땀을 흘리느냐가 당신의 전부는 아니다.

제이크

나는 나 자신을 '진지한 농구선수'로 생각하곤 했다. 내 기준에 일주일에 나흘, 3시간 동안 농구를 하지 않으면 진짜 운동을 한 게 아니었다. 그런데 아이와 직장이 생기면서 운동량을 유지하기가 어려웠다. 나는 연달아 며칠 동안 몇 시간씩 온몸을 던져(녹초가 되고 종종 다치고 일이 밀릴 지경으로) 한바탕 농구를 하고는 그 뒤 몇 주나 몇 달 동안 운동을 전혀 안 하면서 심한 가책에 시달렸다. 모 아니면 도였다.

내가 운동에 관한 생각을 바꾸었던 순간이 기억난다. 어느 날 3시간 동안 농구를 한 뒤 사무실에 들어섰을 때였다. 발목이 삐어 다리를 절룩거리던 나는 책상에 주저앉아버렸다. 정신적, 육체적으로 탈진 상태였다. 일할 기운이 남아 있지 않았고 컴퓨터 마우스가 천근만근 같았다.

그 순간, 전날 아침 신선한 공기를 쐬게 해주려고 어린 아들을 유모차에 태워 10분간 동네를 조깅하며 느꼈던 기분이 퍼뜩 떠올랐다. 그 정도 활동은 내 운동 자아가 불충분하다고 생각하는 가벼운 운동이었다. 나는 그런 짧은 달리기는 운동으로 '쳐주지' 않았다. 하지만 그날 나는 활기에 넘쳐 직장에 도착했고 몇 시간 동안 집중했으며 중요한 디자인 프로젝트를 마무리했다.

'세상에!' 나는 생각했다. '접근 방식을 바꿔야겠군.' 분명 농구는 재미있었고 좋은 운동이다. 그러나 나는 농구를 할 때마다 지나치게 열중했고 그러다 보니 탈진과 부상으로 이어졌다.

나는 바로 그 자리에서 운동에 대한 내 기준을 낮췄고 아무리 조금이라도 운동을 하면 인정해주기로 마음먹었다. 농구를 못 할 때 혹은 해서는 안 될 때(대부분의 날이 그랬지만)는 달렸고, 달리지 못할 때는 산책을 했다.

내 개인적 경험은 과학과도 일치한다. 나는 운동을 조금 한 날 기분이 더 좋다. 스트레스를 덜 받고 더 활기차고 전반적으로 더 행복하다. 투지 넘치는 운동과 달리, 매일 적정 규모의 운동을 하는 건 오랫동안 지속할 수 있다. 달리기나 걷기가 진짜 습관이 되어 나도 모르게 저절로 하게 되었다. 나는 지금도 가끔 농구를 하지만 더는 유일하게 농구만 운동이라고 인정하지 않는다. 매일 조금씩만 운동해도 괜찮다고 스스로 허락함으로써 나는 더 행복해졌다.

62. 발이 닳도록 돌아다니기

우리는 걸어 다니도록 태어났다. 실제로 인간 진화의 역사에서 직립보행이 사고하는 커다란 뇌보다 먼저 나타났다. 하지만 현대사회에서는 동력을 이용한 이동이 디폴트가 되었다. 우리는 대부분

목적지가 어디든 자동차나 버스, 기차를 타고 갈 수 있다. 이런 현대의 디폴트는 쉽게 걷지 않는 쪽을 선택하게 하여 에너지를 충전할 기회를 앗아간다.

전문용어로 말하자면 걷는 건 정말로, 정말로 끝내주게 좋다. 하버드대학과 메이오 클리닉Mayo Clinic의 보고서는(여러 보고서 중에서도 특히) 걷기가 진통 효과가 있는 엔도르핀을 분비하여 체중을 감소시키고 심장병을 예방하며 암에 걸릴 위험을 줄이고 혈압을 낮출 뿐만 아니라 기분을 좋게 하는 데도 도움이 된다고 밝혔다. 실로 기적의 명약이다.

또 걷기는 생각하거나 몽상에 잠기거나 사색할 시간을 마련하는 데 도움이 된다. JZ는 걷는 시간을 이용해 종종 하이라이트에 관해 계획하고 생각한다. 때로는 머릿속으로 책의 새로운 장이나 블로그 게시물, 소설 초안을 쓰기도 한다. 꼭 명상의 시간이 될 필요는 없다. 걸으면서 팟캐스트나 오디오북을 들을 수도 있고, 전화 통화를 할 수도 있다. (걷는 장소가 어디냐에 따라 진지한 대화를 나누기에 시끄러울 수 있지만, 어머니에게 안부 전화를 거는 정도는 괜찮을 것이다.)

매일 걷는 것이 '해야 하는 또 하나의 일'이 될 필요는 없다. 그냥 평소 이동 방법을 걷기로 바꾸어보라. 너무 먼 거리라면 일부만 걸을 수도 있다. 한 정거장 먼저 버스나 기차에서 내려 목적지까지 걸어가면 된다. 대형 주차장이 있는 곳에 운전해서 가면 완벽한 주차 지점을 찾지 말고 입구에서 멀리에 차를 세워라. '가능할 때마다 차를 탄다'에서 '가능할 때마다 걷는다'로 디폴트를 바꾸면 어딜 가나 걸을 기회를 발견할 것이다.

걷기는 세상에서 가장 간단하고 편리한 운동 형태로서, 쉬우면서도 당신의 배터리를 꽉꽉 채워준다. 낸시 시나트라Nancy Sinatra의 노래 제목을 빌려 표현해보자면, 당신의 발은 걸어 다니기 위해 있는 것이다. 그리고 그게 바로 발이 해야 하는 일이다(낸시 시나트라의 노래 〈이 신발은 걷기 위해 있는 거예요These Boots are Made for Walking〉와 가사 '바로 그래야 하고요And that's just what they'll do'의 패러디 — 옮긴이).

2013년에 사무실이 교외에서 도시로 이사했다. 집에서 2마일 정도 떨어진 곳이었고, 나는 걸어서 출근하기로 마음먹었다. 그러지 않을 이유가 있겠는가? 샌프란시스코의 날씨는 화창했고 버스는 붐비는 데다 도심의 주차비를 감당할 방법이 없었다.

걷기가 일상이 되면서 나는 놀라운 사실을 알아차렸다. 걸어서 출근하니 시간이 더 많아지는 것 같았다. 엄밀하게 말하면 차를 타거나 운전할 때보다 걸어갈 때 시간이 더 오래 걸렸지만, 그렇게 느껴지지 않았다. 걷기는 하이라이트에 관해 생각하거나 머리로 작업하는 시간을 만들어주기 때문이다.

63. 불편 느끼기

인정! 앞에서 조언한 것처럼 여기저기 걸어 다니는 게 상당히 불편하다는 건 알고 있다. 하지만 일부러 그러는 것이다. 우리는 불편함을 선택하는 것이 체육관 밖에서 운동할 기회를 찾는 좋은 방법이라고 생각한다. 당신은 다음과 같이 디폴트를 '편리함'에서 '에너지 충전'으로 재설정할 마음만 먹으면 된다.

① 직접 요리하라

장을 보고 짐을 들고 와서 부엌을 돌아다니며 재료를 찾아와 썰고 볶고… 모두 몸을 움직여야 하는 활동이다. 한편 누군가에게는 요리가 사색의 기회이기도 하다. 요리는 곰곰이 생각하거나 돌아볼 시간을 만드는 훌륭한 방법이기 때문이다. 또 어떤 사람들에게는 요리가 정말로 즐거운 일이자 친구, 가족과 얼굴을 마주하며 시간을 보낼(#81) 구실이 된다. 그뿐만 아니라 집에서 만든 음식이 식당 음식보다 건강에 좋으므로 더 많은 에너지를 북돋을 수 있다.

② 계단을 이용하라

엘리베이터는 굉장히 편리하지만 좀 어색한 공간이다. 그렇지 않은가? 시선을 어디에 두어야 할까? 저 회계 팀 사람에게 인사해야 할까* 아니면 스마트폰에 시선을 고정해야 할까? 이처럼 스트레스를 불러일으키는 결정에서 벗어나 계속 움직일 수 있도록 계단을 이용하라.

③ 바퀴 없는 여행 가방을 써라

굴러가는 여행 가방을 버리고 대신 짐을 들고 다녀라. 체육관이 아니라 공항에서 약식 근력 운동을 한다고 생각하면 된다. 무슨 말인지 이해할 것이다. 불편해질 기회는 어디에나 있다!

> 잠깐! 바퀴 달린 여행 가방은 불 이후로 최고의 발명품이다. 난 포기하지 않을 거다!

물론 우리가 위선자라는 말은 해야겠다. 우리는 배달 앱부터 에스컬레이터 그리고 음… 자동차에 이르기까지 편리함을 사랑한다. 현대생활의 편리함을 완전히 거부하라는 이야기가 아니다. 그저 가끔은 편리함을 거절하고 그런 편리함을 생활의 디폴트로 두는 대신 의식적으로 선택하라는 것이다.

---

* 회계사들에게 악의는 없다. 우리는 회계사들을 사랑한다!

기억하라. 여기에 소개된 모든 전술을 사용해야 하는 사람은 없다. 우리도 그러지는 않는다.

64. 초단기 운동을 할 짬 내기

너무 좋아 보여서 정말일까 의심했는데 실제로도 진짜 좋은 일들이 있다. 우리가 운동에서 양보다 질을 강조하는 접근 방식인 고강도 간격 운동high-intensity interval training의 팬이 된 건 바로 이 때문이다. 고강도 간격 운동 혹은 우리가 부르는 대로 '초단기 운동 super short workout'에서는 일련의 짧지만 격렬한 동작을 수행한다. 당신은 팔굽혀펴기, 턱걸이, 스쿼트squat 같은 체중 운동을 선택할 수 있다. 전력 질주를 하거나 역기를 들어도 좋다. 5분에서 10분 정도의 짧은 시간 안에 적절한 운동을 마칠 수 있다.

초단기 운동에서 가장 좋은 부분은 정말로 에너지를 북돋아준다는 것이다. 초단기 운동은 '진짜' 운동의 시간을 절약해주는 단순한 대체재가 아니다. 실제로 고강도 운동이 일반적으로 필요하다고 생각하는 중간 강도의 운동을 오래 하는 것보다 전반적으로 더 효과적이라는 증거가 있다. 〈뉴욕타임스〉는 여러 새로운 과학 연구를 요약하면서 "상대적으로 극히 힘든 훈련을 7분 정도 하면 더 가벼운 운동을 한 시간 이상 하는 것보다 소득이 높다"라고 말한다. 더 적은 시간을 들이고 아무 비용이나 장비 없이 더 큰 소득을 얻을 수 있다니! 너무 좋아서 믿기지 않을 정도다.

너무 좋아서 믿기지 않을 정도의 운동이 우르크의 세상에서는 말이 된다. 여러분은 우르크가 사냥에 성공해서 돌아오거나 더 멀리 보려고 산 정상으로 올라가면서 무언가를 들어 올리고, 밀고, 오르고, 잡아당기는 모습을 쉽게 상상할 수 있을 것이다. 초단기 운동이 당신이 하는 유일한 운동이 되어서는 안 되지만 배터리를 충전하는 빠르고 편리한 방법이긴 하다.

한번 시도해보고 싶은 사람을 위해 두 가지 옵션을 소개한다.

7분 운동

7분 운동은 2013년 미국 스포츠의학회American College of Sports Medicine 의 〈헬스 앤드 피트니스 저널Health&Fitness Journal〉에 실린 기사를 바탕으로 〈뉴욕타임스〉가 대중화했다. 간단하고 빠르며 과학적으로 입증된 12가지 운동을 결합하여 매일 딱 7분(30초씩 시행하고 사이사이에 10초간 휴식)만 하면 된다. 각 동작을 안내해주는 앱이 있어 생각해가면서 운동할 필요도 없다. 추천 앱을 보려면 maketimebook.com을 참조하기 바란다.

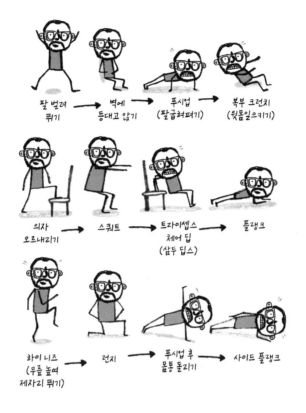

팔 벌려
뛰기 → 벽에
등대고 앉기 → 푸시업
(팔굽혀펴기) → 복부 크런치
(윗몸일으키기)

의자
오르내리기 → 스쿼트 → 트라이셉스
체어 딥
(삼두 딥스) → 플랭크

하이 니즈
(무릎 높여
제자리 뛰기) → 런지 → 푸시업 후
몸통 돌리기 → 사이드 플랭크

JZ의 3×3 운동

아니면 JZ처럼 더 간단한 방법을 택해도 된다. 일주일에 세 번, 다음 세 단계를 완료하라.

하나. 한 세트에 팔굽혀펴기를 가능한 한 많이 한 뒤 1분 동안 쉰다.
둘. 한 세트에 스쿼트를 가능한 한 많이 한 뒤 1분 동안 쉰다.

셋. 한 세트에 들어 올리기(혹은 턱걸이, 컬curl 운동* 등 무엇이라도)를 가능한 한 많이 한 뒤 1분 동안 쉰다.

팔굽혀펴기를   스쿼트를   들어 올리기를
가능한 한 많이 ➡️ 가능한 한 많이 ➡️ 가능한 한 많이

공원에 가서 철봉으로 운동할 시간이 없을 때 나는 말 그대로 집 안의 물건들을 들어 올린다. 의자나 책이 들어 있는 가방 또는 나무 그루터기를 잘라 만든 작은 탁자 등이 공략 대상이다. 정교하지는 않아도 짧고 간단하게 운동하는 방법이다. 그뿐만 아니라 물건(역기나 체육관 기구의 손잡이 대신)을 들어 올리는 동작은 우리 조상들이 실생활에서 물건을 들어 올리고, 옮기고, 밀기 위해 근육을 쓰던 방식과 더 비슷하다.

• 팔꿈치를 접어주는 동작이나 무릎을 접어 들어서 하는 운동 — 옮긴이

지루해지지 않으려면 혹은 처음에 운동이 너무 힘들게 느껴지면 변형된 방식을 실험해보는 것도 좋다. 예를 들어 정식 팔굽혀펴기 대신 인클라인 푸시업(양손을 벤치나 의자 등에 올려놓고 하체 위치를 낮게 잡아서 하는 팔굽혀펴기— 옮긴이)을 해보라. 표준 스쿼트 동작이 너무 쉬우면 난도를 높여 한쪽 다리로 스쿼트를 해도 된다. 인터넷에서 변형 팔굽혀펴기, 변형 스쿼트, 변형 턱걸이를 검색해보면 아이디어를 얻을 수 있다.

진짜 음식 먹기

65. 수렵 채집인처럼 먹기

이 전술은 열정적인 음식 애호가이자 저술가인 우리의 영웅 마이클 폴란Michael Pollan에게 바치는 뻔뻔한 경의인 동시에 모방이다. 폴란은 베스트셀러 《마이클 폴란의 행복한 밥상In Defense of Food》에서 '최대한 건강해지기 위해 인간은 무엇을 먹어야 하는가'라는 어쩌면 믿을 수 없을 만큼 복잡하고 혼란스러운 질문을 다루었다.

음식을 먹어라. 너무 많이는 먹지 마라. 주로 식물을 먹어라.

음, 우리는 폴란의 책을 읽고 그의 조언을 실행해봤다. 효과가 없으면 욕도 했다. 진짜 음식 즉 채소, 견과류, 생선, 육류처럼 우르크가 인정할 만한 가공하지 않은 재료들을 먹으면 에너지 수준에 큰 차이가 나타났다. 어쨌거나 인간의 몸은 진짜 음식을 먹도록 진화했다. 그러니 몸의 엔진이 기대하는 연료를 주었을 때 더 좋은 성능을 보이는 건 놀랄 만한 일이 아니다.

메이크 타임을 실행한 초창기에 나는 집에서 요리하는 시간을 만들고 싶었다. 요리에는 일거양득의 효과가 있었다. 일부러 몸을 불편하게 해서 에너지를 얻는 방법일 뿐 아니라(#63) 일상에서 진짜 음식을 주식으로 먹을 방법이지 않은가. 나는 샐러드를 곁들인 구운 고기처럼 간단한 자연식품 재료들로 요리하는 것이 긴 레시피를 차례차례 따라 하는 것보다 훨씬 쉽다는 걸 알게 되었다. 내게는 이것이 수렵 채집인처럼 먹는 습관을 들이는 가장 좋은 방법이었다.

제이크

수렵 채집인처럼 먹기로 디폴트를 재설정하기 위해 먼저 나는 빠르고 쉽게 먹을 수 있는 간식이 필요하다는 점을 인정해야 했다. 그래서 맛도 있고 건강에도 좋은 진짜 음식을 간식으로 먹겠다고 계획을 세웠다. 나는 아몬드, 호두, 과일, 땅콩버터를 왕창 사놓고 배가 고플 때마다 견과류와 건포도 한 줌, 땅콩버터를 바른 바나나, 또는 사과 몇 조각처럼 좋아하는 고품질의 간식을 마다하지 않고 먹는다 (간식에 관한 더 자세한 이야기는 #68 참조).

66. 접시를 센트럴파크처럼

가볍고 에너지를 북돋는 식사를 하는 간단한 방법은 접시에 샐러드를 먼저 담고 그 외 모든 음식을 샐러드 주변에 추가하는 것이다. 뉴욕 센트럴파크와 비슷하다. 녹지를 위한 넓은 공간을 마련한 뒤에 주변을 개발하는 식이다. 샐러드를 많이 담으면 느끼한 음식을 덜 먹는다는 뜻이고 그러면 아마 식사 후 더 많은 에너지를 얻을 것이다.

① 접시의 반을 샐러드로 채운다.

② 다른 음식들을 담는다.

③ 냠냠

전술 배틀: 단식 vs. 간식

JZ는 굶으면 집중력이 강해지고 에너지가 증가한다. 반면 제이크는 점심 먹은 뒤에 간식을 거른 채로 저녁까지 견뎌야 한다고 생각하면 불안감이 밀려온다.

67. 허기진 상태 유지하기

현대의 디폴트는 끊임없이 먹는 것이다. 하루 세 끼에 더해 너무 허기지지 않도록 간식까지 챙겨 먹는다. 하지만 기억하라. 우르크는 수렵 채집인이었다. 먹기 위해서는 직접 모으거나 잡거나 죽여야 했다. 매일 아침, 점심, 저녁마다, 또 그사이 언제라도 혈당이 떨어지는 걸 느낄 때마다 딸기를 따러 가거나 버펄로 사냥을 나간다고 상상해보라.

요점은 먹을 수 있다고 해서 늘 먹어야 한다는 뜻은 아니라는 것이다. 운 좋게 음식이 풍부한 세상에서 살지만, 여전히 우리 몸은 우르크와 같아서 음식이 부족한 세상에서 생존하고 번창하도록 진화했다. 간헐적 단식이 유행하고 있는데, 꼭 비욘세와 베네딕트 컴버배치의 지지가 아니더라도 충분히 시도해볼 만하다. 배가 고플 때 음식이 더 맛있을 뿐만 아니라 단식은 건강에도 큰 이점이 있다. 심혈관 건강을 증진하고 수명을 늘려주며 근육 발달에 좋고 심지어 암에 걸릴 위험도 낮추기 때문이다.

에너지 충전과 시간을 만드는 문제에서는 더 뛰어난 장점이 있다. 단식은 (어느 정도까지) 머리를 맑게 하고 두뇌 활동을 촉진해 우선순위에 대한 집중력을 유지하게 해준다.

나는 2년 동안 간헐적 단식('가끔 굶는 것'을 근사하게 표현한 이름일 뿐이다)을 해왔다. 배가 고프니 처음에는 주의가 분산되었다. 하지만 몇 번 시도해보자 허기진 느낌에 익숙해졌고 새로 비축한 정신적 에너지를 이용할 수 있다는 걸 알게 되었다.[*] 간헐적 단식은 잠에서 깬 뒤

네다섯 시간 동안(주의를 분산하는 방해꾼과 대개 음식 없이) 하이라이트를 수행하는 아침 일과에 특히 유용하다.

걱정할 필요는 없다. 몇 날 며칠 굶으라는 소리는 아니다. 그냥 한 끼나 간식을 한 번 건너뛰어 보라. 물론 업무상의 점심 약속이나 생일 축하 식사 자리에 나타나 라임이 든 탄산수나 주문하는 부류가 되고 싶은 사람은 없다. 내 친구 케빈이 일상생활에 적합한 단식 기법을 소개해주었다. 케빈은 저녁을 일찍 먹은 뒤 다음 날 아침을 건너뛰고 점심을 거하게 먹는다고 한다. 그러면 약 16시간 정도 단식하게 되는데, 누구에게도 이상한 사람처럼 보이지 않으면서 가끔 시도할 수 있는 방법이다.

● 제이크는 나를 식사 직전에 더 활기차고 사냥꾼 기질이 발동하는 집고양이에 비유했다. 내가 기르는 고양이들을 떠올려보면 분명 좋은 말이지만, 이 비유를 어떻게 받아들여야 할지는 잘 모르겠다.

68. 걸음마를 배우는 아이처럼 간식 먹기

 제이크

걸음마 시기의 아이들은 배가 고프면 짜증을 낸다.˚ 아이를 기르면서 나는 이런 모습을 자주 보았다. 너무도 자주.

이는 아이들의 잘못이 아니다. 세 살배기가 기운을 차리게 해줄 간식 없이 점심부터 저녁까지 쭉 버티기는 힘들다. 사실 어른에게도 만만찮은 일이다. 솔직히 말하자면 나도 배가 고프면 저절로 짜증이 나곤 한다. 따라서 간식을 가까이하지 않는 JZ와 달리 나는 규칙적으로 간식을 먹는 게 좋다고 생각한다. 사실 나는 약간 간식광이다. 내 배낭에는 간식 금단 증상이 나타나는 비상사태에 대비해 카인드Kind 그래놀라바 두 개가 항상 들어 있다. 심지어 간식 시간을 마련하려고 스프린트 일정을 수정하기까지 했다.

나는 간식 문제에서 두 가지가 중요하다고 생각한다. 하나는 고품질의 간식을 선택하는 것이고, 다른 하나는 그냥 뭔가를 하기 위해서가 아니라 몸과 뇌가 필요로 할 때 간식을 먹는 것이다.

몸속 배터리를 항상 충전된 상태로 유지하려면 당신이 걸음마를 배우는 아이, 아니 좀 더 정확히 말하면 아이의 부모라고 상상해보자. 변덕과 짜증을 부리지 않도록 아이를 달랠 영양가 있는 처방을 준비하자. 아침에 집을 나설 때 약간의 트레일 믹스(견과류와 말린 과일을 하루 권장량에 맞게 소분한 간식—옮긴이)나 사과를 하나 챙기면 좋다. 배가 고픈데 군것질거리가 없다면 정크푸드(사탕이나 칩) 대신 진짜 음식(예를 들어 바나나나 견과류)을 찾아서 먹자. 세 살짜리 아이에게 점심때까지 버티라고 트위즐러(미국에서 즐겨 먹는 젤리—옮긴이) 한 봉지를 주지는 않을 것이다. 당신도 똑같이 해야 한다. 어른도 사람이다.

● 걸음마를 배우는 아이가 이 책을 읽고 있다면 미안해. 기분 상하게 할 생각은 없었어. 하지만 맞는 말이라는 걸 너도 알 거야.

69. 다크초콜릿 이용하기

설탕은 슈거하이sugar high(과도한 당 섭취로 인한 일시적 과잉 흥분 상태—옮긴이)를 일으키고, 슈거하이는 슈거크래시sugar crash(당분이 많은 음식이나 음료 섭취 후 찾아오는 극심한 피로 현상—옮긴이)를 불러온다. 단음식을 피하는 것이 에너지 유지에 좋다는 걸 대부분 알지만, 까놓고 말해 디저트를 포기하는 일은 상당히 힘들다.

그러니 포기하지 말고 대신 디폴트를 바꾸어라. 디저트가 다크초콜릿이라면 먹도록 하라.

다크초콜릿은 대다수의 다른 단 식품보다 설탕이 훨씬 덜 들어 있어서 극심한 피로를 겪는 일이 줄어들 것이다. 심지어 많은 연구*는 다크초콜릿이 건강에 이로운 점도 있음을 보여준다. 게다가 진하고 맛있어서 많이 먹지 않아도 욕구가 충족될 것이다. 한마디로 다크초콜릿은 정말 끝내주는 식품이니 더 자주 먹어야 한다.**

---

* 초콜릿 업체들의 자금 지원을 받긴 했지만 어쨌든.
** 단 기억하라. 다크초콜릿에는 카페인이 들어 있으니 카페인 섭취량을 계산할 때 포함해야 한다.

제이크

나는 단 것이라면 사족을 못 쓰는 사람이지만 2002년부터 다크초
콜릿 계획을 지켜왔다. 이 모든 건 아내 홀리와 시애틀에서 포틀랜
드까지 자동차로 여행하던 중에 시작되었다. 주유소에 멈췄을 때
나는 큰 사이즈 콜라 한 병, 보틀캡스Bottle Caps 사탕 한 봉지, 졸리
랜처Jolly Rancher 막대사탕을 사서 먹었다. 슈거하이 상태가 된 나
는 비디오게임 슈퍼마리오 브라더스를 흉내 낸 팬터마임을 5분 동
안 음향효과까지 넣어 공연했다.

그런 뒤 무시무시한 슈거크래시가 찾아왔다. 나머지 시간 동안 나
는 조수석에 고꾸라져서 깨질 듯이 아픈 머리를 호소하며 홀리의
놀림거리가 되었다.

졸리랜처 사건(이 일에 붙여진 이름)으로 마침내 머릿속에 연관관계가
입력되었다. 설탕을 많이 먹으면 나중에 기분이 엉망이 되는구나!
이 사건은 다크초콜릿이 건강에 미치는 이점에 관한 연구들이 보도
되던 무렵에 일어났고, 그래서 나는 평소 먹던 디저트 대신 다크초
콜릿을 시도해보기로 마음먹었다. 처음에는 쓴맛에 익숙해져야 했
지만 미각이 적응하자 일반적인 디저트들이 너무 달게 느껴졌다.

나는 여전히 일주일에 적어도 두 번은 아이스크림이나 쿠키를 즐기
지만, 의도하에 먹는다. 다크초콜릿을 먹는 것, 에너지 수준을 안정
적으로 유지하는 것이 디폴트다. 그리고 아내가 나를 놀리지 않는
것도…. 최소한 졸리랜처 사건에 관해서는 말이다.

카페인을 최적으로
활용하기

디폴트 카페인 습관에 빠져들기는 쉽다. 가령 직장에서는 허리를 펴려고 쉴 때마다 커피를 마시곤 한다. 카페인은 (약하게) 중독성 있는 마약과 비슷하므로 책상에서 몸을 일으킬 구실을 찾으려고 커피 한 잔을 마시는 것이 무심코 하는 사소한 행동에서 금세 화학적으로 강화된 습관이 될 수 있다. 잠깐, 여기서 우리가 카페인을 심판하려는 건 아니다. 우리 역시 대다수 사람처럼 카페인 이용자다.* 하지만 카페인은 강력한 물질이라 에너지 수준에 직접적인 영향을 미치므로 생각 없이 습관적으로 섭취하기보다 의도적으로 섭취해야 한다.

---

* 미국 식품의약국FDA에 따르면, 전 세계 성인의 90퍼센트가 이런저런 형태로 카페인을 소비한다. 미국에서는 성인의 80퍼센트가 매일 카페인을 섭취하고 여기에는 제이크와 JZ도 포함된다.

우리가 카페인에 관해 더 깊이 생각하기 시작한 건 라이언 브라운Ryan Brown을 만난 뒤부터였다. 라이언은 커피에 진지한 사람이다. 어쩌나 진지한지 완벽한 원두를 구하려고 전 세계를 돌아다니고 커피 배달 업체를 차리는가 하면 고급 커피의 거물인 스텀프타운Stumptown과 블루보틀Blue Bottle에서 일하며 커피에 관한 책을 쓸 정도다.

라이언은 커피를 마시는 방식에도 진지하다. 그는 수년간 카페인에 관한 모든 기사와 새로운 학술 연구를 샅샅이 뒤져서 커피를 마실 최상의 시간을 알아내 에너지 수준을 최적화하려고 노력해왔다. 익히 짐작하겠지만, 그가 자신이 알아낸 것을 공유하겠다고 했을 때 우리는 귀를 쫑긋 세웠다.

라이언은 에너지 극대화에 카페인이 어떻게 작용하는지부터 이해했다. 뇌는 카페인 분자를 아데노신이라는 분자와 비슷하게 인식한다. 뇌에 속도를 늦추라고 알리는 역할을 하는 아데노신은 졸리고 정신이 흐릿한 느낌을 불러온다. 아데노신은 저녁에 잠잘 준비가 되었을 때 유용하다. 하지만 아침이나 오후에는 졸음을 불러오기 때문에 우리는 보통 카페인으로 손을 뻗는다.

카페인이 등장하면 뇌가 "어이, 꽃미남!"이라고 인사하고, 카페인은 뇌의 아데노신 수용체들과 결합한다. 남겨진 아데노신은 그냥 떠돌아다니게 되며 그 결과 뇌가 졸음 신호를 받지 못한다.

여기서 흥미로운 점은(적어도 우리에게는) 엄밀히 말하면 카페인이 에너지를 북돋진 않는다는 것이다. 카페인은 아데노신이 졸음을 불러와 에너지를 떨어뜨리지 않도록 막는 일을 한다. 하지만 일단 카페인이 사라지면 여전히 얼쩡거리던 아데노신이 다시 덤벼들 준비를 한다. 카페인을 또 섭취하지 않으면 극심한 피로감이 찾아온다. 시간이 지나면서 몸은 점점 더 많은 아데노신을 생성하고 그에 따라 점점 더 많은 카페인에 적응한다. 평소 카페인 섭취가 많은 사람이 카페인을 건너뛰면 더 심하게 피곤하고 머리가 아픈 건 이 때문이다.

이 모든 과정을 파악한 라이언은 가능한 한 많은 커피를 즐기면서도 에너지를 꾸준히 유지하고 신경이 지나치게 예민해지거나 잠을 방해받지 않는 완벽한 체계를 고안했다. 그가 자신에게 맞춰 개발한 공식은 과학적으로 뒷받침되고 경험으로 입증되었다. 게다가 말도 안 될 정도로 간단하다.

- 카페인 없이 잠에서 깬다(다시 말해 침대에서 나와 커피를 마시지 않은 채 아침을 먹은 뒤 하루를 시작한다).
- 첫 번째 커피를 오전 9시 30분에서 10시 30분 사이에 마신다.
- 마지막 커피를 오후 1시 30분에서 2시 30분 사이에 마신다.

이게 전부다. 대부분의 날에 라이언은 커피를 두세 잔만 마신다. 커피에 관해 책까지 쓴 사람이! 그는 커피를 사랑한다. 하지만 커피를 더 많이 마시거나 너무 일찍 혹은 너무 늦게 마시면 에너지가 떨어진다는 것을 안다. 그래서 섭취량에 제한을 두고 한 모금 한 모금을 음미한다.

라이언이 이미 온갖 고생을 해서 공식을 만들었으니 우리는 똑같은 시간표를 따르기만 하면 된다. 그렇지 않은가? 잠깐, 그렇게 성급히 덤벼들지는 마라. 라이언은 모두에게 맞는 공식은 없다고 말했다. 사람마다 신진대사, 체격, 내성, 심지어 DNA에 따라 카페인을 약간씩 다른 방식으로 처리하고 반응하기 때문이다.

물론 우리는 직접 실험을 해보았다. JZ에게 효과적인 방법이 항상 제이크에게 맞았던 건 아니고 그 반대도 마찬가지였다. 우리는 각자에게 맞는 공식을 만들어야 했지만 그런 수고를 할 만한 가치가 있었다. 우리 두 사람 모두 온종일 에너지를 더 꾸준히 유지하게 되었기 때문이다.

다음 전술을 실험해보길 추천한다. 그리고 이 책에서 소개한 다른 모든 전술과 마찬가지로 기록하면서(274쪽과 307쪽) 결과를 추적해보기 바란다. 몸이 적응하는 동안 3~10일 정도 심한 피로를 느끼는 기간이 찾아오는 것은 예상해야 한다.

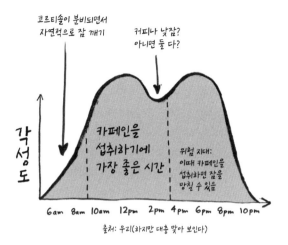

코르티솔이 분비되면서
자연적으로 잠 깨기

커피나 낮잠?
아니면 둘 다?

각성도

카페인을
섭취하기에
가장 좋은 시간

위험 지대:
이때 카페인을
섭취하면 잠을
망칠 수 있음

6am 8am 10am 12pm 2pm 4pm 6pm 8pm 10pm

출처: 우리(하지만 대충 맞아 보인다)

70. 잠이 다 깬 뒤 카페인 섭취하기

아침에 몸은 잠을 깨도록 돕는 호르몬인 코르티솔을 많이 분비한다. 코르티솔 수치가 높을 때는 카페인이 큰 도움이 되지 않는다 (카페인 중독 증상을 일시적으로 완화하는 효과 말고는). 대부분 오전 8시와 9시 사이에 코르티솔이 가장 많이 분비된다. 따라서 이상적인 아침 에너지를 얻으려면 하루의 첫 커피를 오전 9시 30분에 마시는 실험을 해보라.

제이크

나는 라이언과 이야기를 나눈 뒤 이렇게 습관을 바꾸었다. 전에는 아침에 일어날 때면 카페인 금단 증상으로 늘 정신이 몽롱했다. 카페인 없이 아침의 피로를 극복하는 데 며칠이 걸렸지만 일단 그렇게 하자 정신이 초롱초롱한 상태로 잠에서 깨는 걸 사랑하게 되었다. 그리고 지금은 아침 9시 30분에 커피를 마시면 에너지가 더 증진되는 걸 느낀다.

71. 금단증상이 나타나기 전에 카페인 섭취하기

카페인과 관련해 까다로운 점은 지칠 때까지 기다렸다가 섭취하면 너무 늦다는 것이다. 그때는 아데노신이 이미 뇌에 결합하여 무기력증을 떨치기 어렵다. 중요하니까 한 번 더 말하겠다. 지칠 때까지 기다리면 너무 늦다. 항상 에너지가 떨어지곤 할 때(대부분은 점심식사 후)가 언제인지 생각해보고 30분 전에 미리 커피 혹은 카페인이 들어 있는 음료를 마셔라. 아니면 다음과 같은 방법도 있다.

72. 카페인 낮잠 자기

카페인 역학을 이용하는 것으로, 약간 복잡해도 성과가 좋은 방법
이다. 지칠 때까지 기다렸다가 카페인을 조금 섭취한 뒤 바로 15분
간 눈을 붙이는 것이다. 카페인이 혈류에 흡수되어 뇌에 도착하기
까지는 어느 정도 시간이 걸린다. 가벼운 잠을 자는 동안 뇌가 아
데노신을 제거한다. 잠에서 깨면 수용체들은 비워지고 그때 카페
인이 등장한다. 그러면 몸이 개운해지고 충전되며 활동할 준비가
갖춰진다. 연구에 따르면 카페인 낮잠은 커피만 마시거나 낮잠만
자는 것보다 인지능력과 기억력을 향상해준다고 한다.*

> 나는 《스프린트》를 쓰면서 오후의 에너지 증진을 위해 카페인 낮잠
> 을 자곤 했다. 내 경우 15분간 카페인 낮잠을 달게 자고 일어나면
> 약 2시간 동안 집중된 에너지를 얻었다.

---

* 러프버러대학Loughborough University의 1997년도 연구에서는 운전 시뮬레이터로 참가자들
을 테스트했다. 카페인 낮잠을 잔 사람들은 낮잠만 자거나 카페인만 섭취한 사람들보다 더
뛰어난 수행능력을 보였다. 2003년 일본 히로시마대학에서 수행한 연구에서는 그냥 낮잠만
잔 사람들을 밝은 빛에 노출하여 카페인 낮잠을 잔 사람들을 따라잡도록 도왔음에도 카페인
낮잠을 잔 사람들이 기억력 테스트에서 여전히 더 나은 결과를 보였다.

73. 녹차로 고도 유지하기

온종일 안정된 에너지 수준을 유지하려면 카페인을 한꺼번에 많이 섭취하는(대형 컵에 원두커피를 가득 담아 마시기) 대신 조금씩 자주 마시는 방법을 시도해보라. 이때 녹차가 좋은 옵션이다. 가장 쉽고 저렴한 방법은 녹차 티백 한 통을 사서 평소 마시는 커피 한 잔을 녹차 두세 잔으로 바꾸는 것이다. 그러면 온종일 에너지 수준이 더 꾸준하게 그리고 안정적으로 유지되며 커피처럼 카페인 함량이 높은 음식을 섭취했을 때 에너지가 치솟았다가 곤두박질치는 현상을 피할 수 있다.

이탈리아식 솔루션을 시도해볼 수도 있다. 바로 클래식한 에스프레소를 마시는 것이다. 에스프레소를 좋아하고(내) 또 마시는 사람이라면(내 경우는 가끔) 에스프레소가 소량의 카페인을 섭취할 또 다른 훌륭한 옵션이 될 수 있다. 에스프레소 한 잔은 커피 반 잔이나 녹차 두 잔과 거의 맞먹는다.

74. 하이라이트에 터보 부스트 적용하기

인생은 비디오게임 마리오 카트와 비슷한 점이 많다. 터보 부스트(순간적으로 성능이나 속도를 끌어올리는 기능 ─ 옮긴이)를 전략적으로 이용해야 한다. 하이라이트를 시작할 때 적절한 효과가 나타나도록 카페인 섭취 타이밍을 맞춰보라. 우리 두 사람은 이 기법을 똑같이 간단한 방식으로 적용한다. 글을 쓰려고 자리에 앉기 직전에 커피 한 잔을 마시는 것이다.

75. 마지막 카페인 주문 시간 확인하기

제이크의 친구 카밀 플레밍Camille Fleming은 시애틀의 스웨덴 병원 Swedish Hospital에서 수련의를 훈련하는 가정의학과 의사다. 연령대를 불문하고 환자들에게서 가장 흔하게 듣는 불평이 수면 장애라고 한다. 그럴 때 카밀이 환자들에게 제일 먼저 던지는 질문, 그리고 학생들에게 물어보라고 가르치는 질문은 '얼마나 많은 카페인을 언제 섭취했는지'다. 대부분은 선뜻 대답하지 못한다. 그 외에는 "아, 카페인 때문에 잠을 못 자는 건 아니에요. 오후 4시에 마지막으로 커피를 마셨거든요"라는 식으로 대답한다.

대부분의 사람(카밀이 제이크에게 설명해주기 전의 우리까지 포함해서)은 카페인의 반감기가 5~6시간이라는 것을 모른다. 보통 오후 4시에 커피를 마셨다면 밤 9시나 10시쯤 카페인의 절반이 혈류에서 빠져나가고 나머지 반은 여전히 남아 있다. 결론은 카페인을 마신 뒤 긴 시간 동안 적어도 얼마간의 카페인이 아데노신 수용체들을 차단하여 수면과 그로 인한 다음 날의 에너지까지 방해할 가능성이 크다는 것이다.

당신만의 '마지막 카페인 주문' 시간을 알아내는 실험이 필요하다. 잠드는 데 어려움을 겪는다면 마지막 주문이 생각보다 좀 더 일러야 할 수도 있다. 카페인 차단 시간을 점점 더 앞당기는 실험을 해보고 더 쉽게 잠이 드는 때가 언제인지 확인하라.

76. 설탕 끊기

카페인이 들어간 많은 음료에 설탕 역시 많이 들었다는 건 공공연히 알려진 사실이다. 레드불, 마초버즈Macho Buzz, 사이코 주스Psycho Juice* 같은 강력한 에너지 드링크는 말할 것도 없고, 코카콜라와 펩시콜라 같은 청량음료, 스내플(미국의 과일 음료—옮긴이)과 스타벅스 모카처럼 달게 만든 음료도 마찬가지다. 설탕이 즉각적으로 에너지를 증대해주긴 하지만 에너지를 유지하는 데는 좋지 않다는 점을 굳이 말할 필요가 있을까?

---

* 이 중 적어도 하나는 진짜 제품일 것으로 확신한다.

우리는 현실주의자라서 식단에서 설탕을 완전히 빼라고 말하
진 않겠다(분명 우리도 그런 적은 없다). 대신 카페인과 단 것의 분리를
고려해보라고 제안한다.

제이크

내게 카페인은 코카콜라를 뜻했다. 혹 기분 전환이 필요할 때면 모
카커피를 선택했다. 이런 습관은 바꾸기가 쉽지 않았다. 그래서 감
미료를 넣지 않은 아이스티와 크림을 곁들인 아이스커피를 시럽의
땅으로부터 귀환하는 관문으로 삼아 서서히 습관을 바꿔나갔다. 이
제 카페인을 섭취하면서 달콤한 것이 당길 때면 나는 그냥 둘을 분
리한다. 커피와 쿠키를 따로 먹으면 쿠키를 녹여서 넣은 커피보다
훨씬 더 맛있게 즐길 수 있다. 후자는 기본적으로 탄산음료나 마찬
가지다.

잠수 타기

77. 숲 즐기기

숲은 진짜로 좋다.

제이크의 아버지

일본 정부는 1982년부터 삼림욕을 권장해왔다. 삼림욕은 '숲 목욕'으로 풀이할 수 있는데, 좀 더 단순하게 말하면 '숲의 공기를 들이마시는 것'을 뜻한다. 삼림욕에 관한 연구들에 따르면 숲에 잠깐만 노출되어도 스트레스와 심박동수, 혈압이 낮아진다고 한다. 일본에서만 그런 건 아니다. 2008년에 미시간대학이 각각 도시와 공원에서 막 산책을 끝낸 사람들의 인지능력을 비교하는 실험을 한 결과 자연 속에서 산책한 사람들이 20퍼센트 더 높은 성취율을 나타냈다.

따라서 자연에 조금만 노출되어도 눈에 띄게 차분하고 기민해 질 수 있다. 어째서 그럴까? 우리는 칼 뉴포트Cal Newport의 《딥 워크Deep Work》에서 가장 적절한 설명을 찾아냈다.

자연 속을 걸을 때는 (복잡한 건널목을 건널 때처럼) 길을 찾지 않아도 되므로 주의를 기울일 필요가 없고, 머릿속을 채워줄 흥미로운 자극을 경험하므로 적극적으로 주의를 집중할 필요가 없다. 이런 상태는 주의력과 관련한 자원을 재충전할 시간을 준다.

다시 말해 숲은 뇌 속의 배터리를 재충전해준다. 아마 우리 조상 우르크는 공감할 것이다. 무슨 설명을 하건, 삼림욕은 한번 시도해볼 가치가 있다. 그렇다고 태평양 종단 코스를 걸을 필요는 없다. 아니, 꼭 숲까지 가지 않아도 된다. 어떤 자연환경에서도 효과가 나타날 테니까. 그냥 공원에서 몇 분 정도 보낸 다음 정신적 에너지에 어떤 영향을 미치는지 기록해보라. 공원에 갈 수 없다면 밖으로 나가 신선한 공기를 마셔라. 창문을 조금 열기만 해도 기분이 더 나아질 것이다. 우리가 가진 수렵 채집인의 몸은 바깥에서 더 활기를 느낀다.

제이크

아버지는 숲을 사랑하셨다. 그러나 변호사로 일해야 했기에 주중에는 보통 사무실과 차에서 지냈다. 그래서 회의 사이사이에 틈날 때마다 가까운 공원을 찾아가 오솔길을 걷고 토요일과 일요일에는 숲을 거니셨다. 날씨는 상관없었다. 거센 바람으로 나무가 몸을 덮칠 기세가 아닌 한 항상 자연에서 보낼 시간을 만드셨다.

어릴 때 나는 숲을 향한 아버지의 강한 애착이 좀 별나다고 생각했다. 어른이 되어보니 이해가 되었다. 일을 시작한 뒤 직업 세계의 끝없는 소음과 분주함에 머리가 허우적거리는 것 같을 때 공원을 산책하면 마법 같은 일이 벌어졌다. 머리가 안정되고 생각이 더 명확해지는 듯했다. 산책할 때뿐만 아니라 그 후로도 여러 시간 동안 그랬다. 지금은 골든게이트 공원의 숲을 뛰는 것이 내 일상이 되었다. 도시의 거리를 벗어나 숲길에 나서면 정신적 긴장이 풀리고 스트레스가 날아간다. 아버지가 옳았던 것 같다. 숲은 진짜로 좋다.

78. 명상하기

명상의 이점은 충분히 입증되었다. 명상은 스트레스를 줄여주고 행복감을 높인다. 뇌를 재충전하고 집중력도 높여준다. 하지만 문제가 있다. 명상하기가 어려운 데다 약간 우스꽝스러운 기분이 들 수도 있기 때문이다. 이해한다. 우리도 명상에 관해 이야기할 때면 여전히 쑥스러움을 느낀다. 사실 이 단어를 타이핑하는 지금도 쑥스러운 기분이다.

하지만 명상은 부끄러운 것이 아니다. 명상은 당신의 뇌를 위한 휴식이다.

인간의 디폴트는 생각이다. 대부분의 생각은 좋은 것이다. 하지만 끊임없이 생각한다는 것은 뇌가 쉬지 못한다는 뜻이다. 수동적으로 생각을 따라가는 대신 명상을 하면 차분함을 유지해 생각에 주목하게 되고, 그러면 생각의 속도를 늦춰 뇌에 쉴 틈을 줄 수 있다.

따라서 명상은 뇌를 위한 휴식이다. 하지만 기가 막힌 점이 있다. 바로 명상은 뇌를 위한 훈련이기도 하다는 점이다. 차분함을 유지하고 자기 생각에 주목하면 기운이 나지만, 이는 아이러니하게도 힘든 일이기도 하다. 생각에 주목하고 속도를 늦추는 것은 운동처럼 활기를 북돋는 격렬한 활동이다.

실제로 명상의 효과는 운동 효과와 매우 비슷하다. 연구에 따르면 명상은 업무 기억력을 높이고 집중력을 유지해주는 것으로 나타났다.[*] 운동이 근육을 단련하는 것처럼 명상은 뇌의 일부 영역을 더 두껍고 강하게 만든다.[**]

---

[*] 예를 들어 캘리포니아대학 샌타바버라캠퍼스에서 2013년에 수행한 연구에서는 2주 동안 하루에 고작 10분간 명상한 학생들의 GRE 언어 영역 평균 점수가 460점에서 520점으로 올랐다. 매우 적은 노력으로 뇌를 활성화한 것이다.

[**] 2006년에 하버드, 예일, MIT의 연구원들이 서로 협력하여 노련한 명상가들과 명상하지 않는 사람들의 뇌를 MRI 스캔으로 비교하는 실험을 했다. 그 결과 명상가들의 주의력과 감각 지각에 관한 영역의 피질이 더 두꺼운 것으로 나타났다.

그러나 앞서 말했듯이 명상은 힘들다. 결과가 운동처럼 겉으로
딱 보이지 않으면 의욕을 내기 어려울 수 있다. 피질이 두꺼워질
수는 있어도 초콜릿 복근이 될 때까지 명상하기란 어렵다.

게다가 해야 할 일이 산더미처럼 쌓였는데 전부 멈추고 앉아
생각에 주목할 시간을 만들기가 어렵기도 하다. 하지만 명상에서
얻는 에너지와 집중력, 정신적 차분함이 실제로 그 일들을 끝마칠
시간을 확보하는 데 도움이 될 수 있다. 다음은 명상에 관한 우리
의 조언이다.

하나. 명상을 어떻게 해야 한다고 가르칠 생각은 없다. 우리는 전
문가가 아니니까. 하지만 당신의 스마트폰은 명상 전문가다. 가이
드가 안내하는 명상 앱을 활용하면 명상에 입문하는 데 도움이 된
다. (다음 페이지에서 제이크의 이야기를 읽고 maketimebook.com에서 우리가
추천하는 앱을 찾아보기 바란다.)

둘. 목표를 낮게 잡아라. 3분 명상으로도 에너지를 증진할 수 있다.
10분이면 굉장한 것이다.

셋. 꼭 결가부좌를 할 필요는 없다. 버스를 타거나 누워 있거나 걷거
나 달리거나 심지어 먹을 때도 앱이 알려준 명상법을 시도해보라.

넷. 명상이라는 단어가 거북하다면 그냥 다른 이름으로 부르면 된
다. '고요한 시간', '쉬기', '잠시 멈추기', '휴식', 아니면 '헤드스페
이스Headspace(혹은 무엇이라도 당신이 사용하는 앱) 하기' 등으로 부르자.

다섯. 어떤 사람들은 오랜 기간 도움 없이 명상해야 의미가 있다고

말한다. 바보 같은 소리다. 명상이 당신에게 효과가 있고 당신이
행복하다면 언제까지라도 안내를 받아 짧은 명상 시간을 가져도
된다.

제이크

나는 명상의 효과에 관해 수년간 들어왔지만 선뜻 발을 들여놓지
못했다. 그러다 아내에게 설득되어 아이폰으로 헤드스페이스 앱을
해봤다. 아내는 "아마 이 앱을 좋아하게 될 거야"라고 말했다. "앤
디는 굉장히 노골적으로 말하거든."

앤디는 헤드스페이스의 공동설립자이자 이어폰에서 들리는 목소
리의 주인공인 앤디 퍼디컴Andy Puddicombe이다. 앤디의 영국식 억
양에 익숙해지려면 얼마간 시간이 걸리지만 아내의 말이 옳았다.
나는 헤드스페이스가 굉장히 마음에 들었다.

헤드스페이스가 집중력을 향상하는지 확인하기 위해 나는 매번 명
상한 뒤의 느낌을 추적하기 시작했다. 그랬더니 정말로 효과가 있
는 것으로 나타났다.

헤드스페이스를 할 가치가 있는가?

- 4/19   10분   그렇다
- 4/20   10분   그렇다 (더 쉽게 집중하고 더 차분해짐)
- 4/21   10분   그렇다 (명상 뒤에 일을 시작했을 때 더 여유 있고 기민해짐)

그런 뒤 이번에는 연이어 며칠 동안 명상하는지 추적하는 앱 기능을 이용해봤다. 나는 버스를 타는 동안 짧은 명상을 하면서 결과적으로 400일 연속 기록을 세웠다!

헤드스페이스에 익숙해지자 장시간 집중하기가 더 쉬워졌고 생각이 더 명확해졌다. 그리고 좀 이상하게 들릴 수도 있겠지만 나다워지고 싶은 마음이 더 커졌다(나는 이게 좋은 징조라고 생각한다).

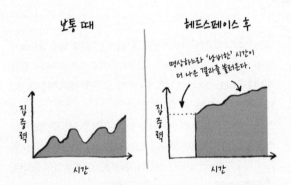

현대생활의 스트레스와 주의 분산(물론 그중 많은 것이 기술에서 생겨난다)을 물리치고자 기술을 이용한다는 것이 언뜻 이해하기 어려울 수 있지만 명상 앱은 전적으로 효과를 발휘했다. 흥미가 간다면 한번 시도해보기 바란다.

79. 이어폰을 집에 두고 가기

이어폰은 굉장하다! 대수롭지 않은 물건으로 취급받기 쉽지만, 어디에서든지 남들이 전혀 모르게 무엇이건 들을 수 있다는 건 정말이지 놀라운 힘이다. 조깅하면서 말콤 글래드웰Malcom Gladwell의 강연을 들을 수 있고, 일하면서 조안 제트Joan Jett가 부르는 노래의 볼륨을 높일 수도 있다. 사람들로 꽉 찬 비행기에 앉아 던전 앤드 드래건Dungeons&Dragons의 팟캐스트를 들을 수도 있다. 당신이 뭘 듣고 있는지 남들이 알 필요가 없다. 이어폰은 입체음향으로 펼쳐지는 당신만의 작은 우주다.

따라서 당연히 현대생활의 많은 부분이 이어폰을 쓴 채로 이루어지고 그렇지 않았으면 조용했을 하루의 공간을 채운다. 하지만 일하거나 걷거나 운동하거나 통근할 때마다 이어폰을 쓰면 뇌가 조용해질 틈이 없다. 백만 번 들었던 앨범이라도 약간의 정신적 활동은 일으키기 마련이다. 음악이나 팟캐스트나 오디오북이 지루함을 막아주지만 지루함은 사고와 집중을 위한 여백을 만들어내기도 한다(#57).

귀에 잠시 휴식을 줄 겸 이어폰을 집에 두고 나가라. 차들이 내는 소리나 키보드 딸깍거리는 소리, 보도 위를 걸어가는 당신의 발소리를 들어보라. 빈 곳을 채우고 싶어 몸이 근질거려도 참아라.

이어폰을 완전히 포기하라는 말은 아니다. 우리도 거의 매일 이어폰을 쓰기 때문에 그런 말은 너무 위선적일 것이다. 하지만 때로 하루 혹은 한 시간이라도 이어폰에 휴가를 주는 것은 하루를 얼마간 조용하게 하고 뇌에 재충전 시간을 주는 손쉬운 방법이다.

80. 진짜 휴식 취하기

일하다 잠깐 휴식하는 방법으로 트위터나 페이스북 혹은 그 외 인피니티 풀 앱을 확인하고 싶은 유혹이 강할 것이다. 하지만 이런 휴식은 머리를 맑게 하거나 긴장을 풀어주지 않는다. 골치 아픈 뉴스나 질투를 유발하는 친구 사진을 보면 스트레스가 줄기는커녕 더 심해질 수 있다. 책상에 앉아 일하는 사람이 인피니티 풀로 휴식을 취하면 의자에 계속 붙어 있게 되어 돌아다니거나 다른 사람과 이야기하는 등 에너지를 주는 활동에서 멀어진다.

화면 없이 휴식해보라. 창밖을 바라보거나(눈에 좋다) 산책하거나(정신과 몸에 좋다) 간식을 먹거나(배가 고플 때 에너지를 얻는 데 좋다) 누군가와 이야기를 나누어라(상대가 멍청이가 아닌 이상 대개 기분이 좋아진다).

당신의 휴식 디폴트가 인피니티 풀 확인이라면 습관을 바꾸어야 할 것이다. 앞서 이야기한 것처럼 습관을 바꾸기란 힘들다. 대신 '과속방지턱' 전술이 도움이 될 수 있음을 앞에서 다루었다. 방해꾼 없는 스마트폰 만들기(#17), 중독성 있는 웹 사이트에서 로그아웃하기(#18), 다 놀고 나면 장난감 치우기(#26) 등의 전술이다.

일단 온라인 세계가 아닌 현실 세계에서 휴식해보면 아마 만족할 것이다. 더 많은 에너지를 얻어 초집중 모드로 되돌아가고 하이라이트에 대한 집중력을 유지하기가 더 쉽기 때문이다.

메이크 타임 전술을 쓸 때조차 내 귓전에는 여전히 인피니티 풀이 던지는 유혹의 소리가 맴돈다. 족히 1시간, 혹은 15분이라도 생산적인 시간을 보내고 나면 나는 종종 생각한다. "알차게 일했군, 트위터 확인으로 나한테 선물을 줘야겠어!"

그런데 놀랍게도 굉장히 사소한 과속방지턱이 그런 충동을 좌절시키고 진짜 휴식을 취하라고 상기시켜준다. 예를 들어 컴퓨터에서 twitter.com에 들어가 로그인 화면을 보면 "아, 그래, 진짜 휴식을 취해야 해"라는 생각이 든다. 진짜 휴식이 내 새로운 일과이자 새로운 디폴트가 되었다.

제이크

나는 현실 세계에서 휴식하길 좋아하지만, 때로 그것만으로는 충분하지 않다. 엄청나게 열심히 일한 뒤 쥐어짠 스펀지처럼 '머리의 진이 다 빠진' 느낌이 들면 나는 본격적으로 한번 쉴 때가 되었다고 판단한다. 그러면 만사를 중단하고 영화 한 편을 처음부터 끝까지 본다. 왜 하필 영화냐고? 텔레비전 시리즈와 달리 영화는 비교적 짧고 한정되어 있기 때문이다. 또 소셜 미디어나 이메일, 뉴스와 달리 불안을 안겨주지도 않는다. 영화는 순수한 현실도피이자 에너지 소모나 주의를 분산하는 시간 구멍에 빠질 위험 없이 머리를 식히며 긴장을 풀어준다.

직접 만나기

81. 당신의 부족과 시간 보내기

아무리 내성적인 사람이라도 우리는 모두 태생적으로 타인과의 유대가 필요하다. 크게 놀랄 만한 이야기는 아니다. 어쨌거나 우르크도 100~200명으로 이루어진 부족 안에서 살지 않았던가. 인간은 유대가 긴밀한 공동체에서 번성하도록 진화했다.

하지만 오늘날에는 직접 얼굴 볼 시간을 내기가 어려울 수 있다. 도시에 산다면 우르크가 평생 본 것보다 훨씬 많은 사람을 어제 하루 동안 봤겠지만, 그중에서 얼마나 많은 사람과 이야기를 나눴는가? 그중 의미 있는 대화는 얼마나 되었는가? 사람들에게 둘러싸여 있지만 어느 때보다 고립됐다는 것이 현대사회의 잔인한 아이러니다. 이건 중요한 문제다. 성인의 발달에 관한 75년에 걸친 하버드대학의 연구 결과를 보면 특히 실감이 난다. 이 연구에 따르면, 좋은 인간관계를 가진 사람이 오랫동안 건강하고 성취감을 느끼는 삶을 살 가능성이 크다. 식료품점 계산대 앞에 줄을 선 낯선 사람에게 말을 걸면 백 살까지 산다는 소리가 아니다. 하지만 사람들과 직접 얼굴을 마주하고 시간을 보내면 에너지가 크게 증진될 수 있다.

21세기라도 당신에게는 부족이 있다. 사무실에서 일한다면 동료들, 가족 중에는 형제자매, 부모, 아이들, 그 외 중요한 사람들 말이다. 그리고(바라건대) 친구들도 있을 것이다. 분명 그들은 가끔 성가시게 하거나 짜증을 일으키기도 하지만 대개는 그들과 시간을 보내면 에너지가 생긴다.

'시간을 보낸다'는 말은 그냥 게시물에 댓글을 쓰거나 '하트'와 '좋아요'를 누르거나 이메일, 문자, 사진, 이모티콘, 움직이는 GIF 파일을 보내는 것이 아니라 육성으로 대화를 나눈다는 뜻이다. 화면을 이용한 소통은 효과적이지만 문제도 있다. 더 가치 있는 현실의 대화를 밀어내기 쉽기 때문이다.

물론 모든 사람과의 시간이 정신을 고양하는 건 아니지만 우리는 모두 대화를 나누면 으레 에너지를 주는 사람을 몇 명 알고 있다. 다음과 같은 간단한 실험을 해보라.

하나. 에너지를 주는 사람 중 한 명을 떠올린다.

둘. 그 사람과 실제 대화를 나누려고 노력한다. 직접 만나거나 전화를 걸어도 된다. 단 당신의 육성으로 대화를 나누어야 한다.

셋. 그런 뒤 당신의 에너지 수준을 기록한다.

가족과 식사하거나 형에게 전화할 수도 있다. 옛 친구거나 최근에 막 알게 된 누군가일 수도 있다. 당신의 육성으로 이야기한다면 사실 시간과 장소는 중요하지 않다. 일주일에 단 한 번이라도 당신이 존중하는 친구, 영감을 주는 친구, 당신을 웃게 만드는 친구, 당신이 당신다워지도록 해주는 친구에게 연락하라. 흥미롭고 에너지가 많은 사람과 시간을 보내는 것은 당신의 배터리를 재충전할 가장 좋은, 가장 즐거운 방법 중 하나다.

제이크

내 스마트폰의 메모장 앱에는 '에너지를 주는 사람들'의 목록이 보관되어 있다. 만날 때마다 발걸음을 가볍게 해주는 사람들이다. 인정한다. 좀 별난 짓이긴 하다(어쩌면 좀 오싹할 수도 있을 거다). 하지만 시간이 날 때 이들 중 한 명과 커피를 마시거나 점심을 먹고 나면 힘이 솟기 때문에 실제로 하루에 더 많은 시간을 만드는 데 이 목록은 도움이 된다.

82. 화면 보지 않고 먹기

화면을 보지 않고 먹으면 우리의 다섯 가지 에너지 충전 원칙 중 세 가지를 한꺼번에 공략할 수 있다. 일단 건강에 좋지 않은 음식을 아무 생각 없이 입에 퍼 넣을 가능성이 줄어들고, 다른 사람과 마주 보며 기운 솟는 대화를 나눌 가능성이 커지며, 끊임없이 바쁜 뇌가 휴식할 공간을 만들어줄 수 있다. 어차피 꼭 해야 할 식사를 하면서 이 모두를 할 수 있는 것이다!

 제이크

내가 어릴 때 우리 가족은 텔레비전을 보면서 저녁을 먹었다. 그래서 당시 내 여자 친구이자 미래의 아내 가족을 만났을 때 식탁에서 식사하는 모습을 보고 놀랐다. 굉장히 구식처럼 보였다. 여자 친구가 나도 그렇게 하길 기대할까? 어쨌거나 그때 홀리와 나는 텔레비전이 없었기 때문에 함께 살게 되었을 때 그녀의 가족 스타일대로 화면 없는 식사를 디폴트로 택했다.

텔레비전이 생긴 뒤에도 그 습관은 이어졌다. 아이들이 태어날 때까지 예전에 내가 텔레비전을 보며 식사를 했다는 걸 사실상 잊고 지냈다. 그리고 지금 우리 가족은 함께 식사하려고 매일 저녁 모여 앉는다. 식사 자리에는 텔레비전도 스마트폰도 아이패드도 없다. 물론 대중문화가 좀 생소해지는 대가가 따르지만 그 덕분에 아내와 아들들과 더 많은 시간을 함께할 수 있다. 이런 이점은 그 무엇과도 바꾸지 않을 것이다.

에너지 충전 전술

동굴에서 잠자기

---

83. 침실을 침대 방으로 만들기

우르크에게 취침 시간은 정신적 자극을 서서히 제거하고 수면으로 옮겨가는 여러 시간에 걸친 과정의 끝을 의미한다. 소셜 미디어나 이메일, 뉴스를 보는 것은 취침 과정을 방해하는 요소다. 긴장을 푸는 대신 뇌를 활성화하기 때문이다. 짜증 나는 이메일이나 고통스러운 뉴스를 보면 두뇌 회전이 활발해져서 몇 시간 동안 잠들지 못하고 깨어 있을 수 있다.

수면의 질을 향상하고 싶다면 스마트폰을 항상 침실 밖에 두어라. 그리고 여기서 멈추지 말고 모든 전자기기를 치워서 침실을 수면을 위한 진정한 성역으로 변모시켜라. 텔레비전도 아이폰도 백라이트(소형 디스플레이의 가독성을 높이기 위해 LCD 뒤에서 빛을 내는 발광체 — 옮긴이)가 장착된 킨들Kindle(인터넷 서점 아마존의 전자책 서비스 전용 단말기 — 옮긴이)도 치워라. 다시 말하자면 침실을 그야말로 침대 방으로 만들라는 뜻이다.

텔레비전은 어려운 문제다. 텔레비전을 침실에 두는 것은 별 저항감 없는 굉장히 솔깃한 발상이다. 텔레비전이 있으면 즐거워지기 위해 당신이 따로 무언가를 할 필요가 없다. 텔레비전이 전부 다 해주니까! 텔레비전이 특히 위험한 이유는 시간 때문이다. 텔레비전을 보느라 시간을 뺏길 뿐만 아니라 끈 뒤에는 자극받은 뇌가 수면 모드로 바뀔 때까지 기다리느라 또 수면 시간을 뺏긴다.

침대에서 책을 읽는 것이 멋진 대안인데, 이때는 종이책이나 잡지가 가장 좋다. 킨들도 앱이나 그 외 주의를 분산하는 도구들이 없으니 괜찮다. 단 밝은 흰색의 백라이트는 꺼두어라.

기기들을 침실 밖에 두기가 힘들긴 하겠지만 행동을 바꾸기 위해서는 의지력에 기대기보다 환경을 바꾸는 편이 더 쉽다. 한번 시도해본 뒤 영구적으로 정착시켜라. 실제로 텔레비전을 치우고 스마트폰 충전기의 플러그를 뽑은 뒤 거치대를 침실 밖에 두어라.

침실에 두어야 할 기기가 아마 하나 있을 것이다. 바로 알람시계다. 액정 화면이 너무 밝지 않은(혹은 똑딱거리는 소리가 거슬리지 않는다면 아예 화면이 없는) 단순한 모델을 선택하는 것이 좋다. 가능하면 알람시계를 방 건너편의 화장대나 선반에 두어라. 이렇게 하면 눈에 빛이 비치지 않을 뿐 아니라 아침에 일어나는 데도 도움이 된다. 알람이 울리면 침대 밖으로 나가 다리를 움직여 시계를 끌

수밖에 없다. 우리는 이것이 스마트폰을 끌어안는 것보다 하루를 시작하는 더 좋은 방법이라고 생각한다.

84. 가짜 일몰 꾸미기

밝은 빛을 보면 우리 뇌는 '아침이구나. 일어날 시간이야!' 하고 생각한다. 아주 옛날부터 내려온 자동적인 체계다. 우르크에게는 매우 잘 맞았다. 우르크는 어두워지면 잠들고 해가 뜨면 일어났으니까. 하루의 자연적 주기가 수면과 에너지를 조절하도록 도왔다.

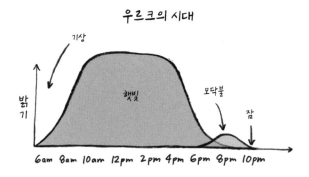

하지만 현대인들은 이렇게 하면 문제가 생긴다. 우리는 침대에 올라갈 때까지 화면과 전구들 사이에서 햇빛이 있는 척한다. 마치 우리 뇌에 "지금은 낮이야, 낮이야, 낮이야, 낮이라고!" 하며 세뇌하다가 "와, 이제 밤이 됐네. 자러 가자" 하고 말하는 것과 같다.

잠드는 데 어려움을 겪는 것 역시 당연하다.

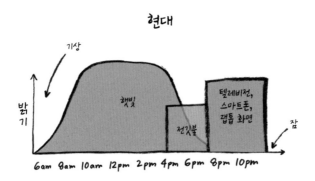

현대

우리가 이 문제를 처음 지적한 사람은 아니다. 사람들은 수년간 침대에서 스마트폰이나 랩톱을 보지 말아야 한다고 말해왔다. 훌륭한 조언이긴 하지만 그것만으로는 충분하지 않다. JZ는 아침형 인간이 되려고 노력할 때 더 중요한 전술이 필요하다는 걸 깨달았다. 바로 가짜 일몰을 꾸미는 것이다.

방법은 다음과 같다.

하나. 저녁을 먹을 때부터 혹은 이상적인 취침 몇 시간 전에 집 안 조명을 낮춘다. 밝은 천장 등을 끄고 대신 흐릿한 테이블 램프나 사이드 램프를 이용한다. 식탁에서 촛불을 사용하면 가산점을 주겠다.

둘. 스마트폰, 컴퓨터 혹은 텔레비전의 '야간 모드'를 켠다. 이 기능은 화면 색상을 파란색에서 빨간색과 주황색으로 바꾸어준다. 밝은 하늘을 보는 대신 모닥불 주위에 앉아 있는 것과 비슷하다.

셋. 잠자리에 들 때 모든 기기를 침실 밖으로 치운다(#83 참조).

넷. 햇빛이나 가로등이 아직 침실에 스며들면 수면 안대를 쓴다. 좀 바보 같아 보이거나 그런 기분이 들겠지만 효과가 있다.

아침에 자주 무기력하거나 에너지가 떨어진다고 느끼면 가상 일출을 꾸며보는 것도 괜찮다. 최근 LED 기술의 발달과 겨울의 어두운 아침을 싫어하는 사람들을 위한 헬스케어 시장 덕분에 자동화된 일출 시뮬레이터 조명이 더 소형화하고 저렴해졌다. 개념은 간단하다. 알람이 울리기 전에 빛의 세기가 서서히 밝아져서 사용자가 일어날 시간에 맞춰 완벽하게 일출을 흉내 내어 뇌가 잠에서 깨도록 유도하는 것이다. 이 방법을 저녁에 조명 낮추기와 결합하면 직접 동굴에서 사는 것 다음으로 효과적이다.

85. 낮잠 자기

낮잠을 자면 더 똑똑해진다. 진짜다. 많은 연구*에서 낮잠을 자고

---

* 정말로 많은 연구가 있지만, 그중 가장 영향력 있는 것은 단연 1994년에 NASA가 장거리 상업용 비행기 조종사들을 대상으로 시행한 연구다. 연구원들은 낮잠을 잔 조종사들의 수행 능력이 34퍼센트 향상한다는 걸 발견했다. 이 연구가 특히 영향력이 컸던 이유는 첫째 다들 자신이 탄 비행기의 조종사가 일을 잘하길 바라고, 둘째로 NASA가 엄청나게 공격적인 집단이라는 데 동의하기 때문이다.

나면 오후에 각성도와 인지능력이 향상한다는 결과가 나왔다. 항상 그랬듯이 우리는 이 과학적 결과를 직접 테스트해보았다.

제이크

나는 낮잠을 좋아한다. 내 이름이 냅Knapp(낮잠을 뜻하는 nap과 발음이 같다―옮긴이)이라서만은 아니다.

JZ

아재 개그잖아!

꼭 잠이 들 필요는 없다. 그냥 누워서 10~20분 쉬기만 해도 재충전하는 데 큰 도움이 된다.

그러나 사무실에서 일한다면 낮잠 자기가 어려운 게 사실이다. 멋진 냅 파드Nap Pod(캡슐 모양의 낮잠 기계―옮긴이)를 설치한 사무실에서도(우리는 그런 사무실에서 일했다) 사람들은 대부분 낮잠 잘 시간이 없다고 느낀다. 그리고 솔직히 말해 냅 파드가 있건 없건 직장에서 잠을 잔다는 게 굉장히 어색할 수 있다. 직장에서 잠을 자지

못한다면 집에서 낮잠 자는 것을 고려해보라. 주말에만 낮잠을 자
도 도움이 될 것이다.

86. 시차 증상 자초하지 않기

하지만 아무리 최선을 다해도 가끔 잠이 모자란다. 바쁜 일주일을
보내거나 비행 때문에 수면 시간이 꼬일 때, 스트레스나 걱정으로
잠을 못 이룰 때도 있다. 그러면 너무나도 익숙한, 극도로 지친 느
낌이 우리를 찾아온다.

우리는 수면 문제에 관해 친구 크리스틴 브릴란테스와 이야기
를 나누었다. 크리스틴은 우리가 아는 가장 야망이 크고 생산적인
사람 중 한 명이다(#12에서 언급한 크리스틴의 사우어패치 키즈 거절 방법이
기억날 것이다). 그녀는 구글에서 디자인 프로듀서로 일하면서 푸드
트럭 주인이기도 하고 각양각색의 기업가와 젊은 전문가의 인생
코치 노릇도 한다.

크리스틴은 "늦잠을 자서 밀린 잠을 보충하자는 생각에 솔깃하
기 쉽죠"라고 말한다. "문제는 그 방법이 효과가 없다는 거예요."

그녀는 주말에 늦잠을 자는 건 기본적으로 시차 증상을 자초하
는 것이나 마찬가지라고 말한다. 몸속 시계에 혼란을 주고 본래
부족하던 잠에서 회복하기가 훨씬 더 어려워질 수 있기 때문이다.
그래서 크리스틴은 시간대가 다른 지역으로 여행할 때와 마찬가

지로 늦잠을 자고 싶은 유혹을 뿌리치고 가능한 한 평소 스케줄을 따르기 위해 노력하라고 권한다.

'수면 부채sleep debt'는 진짜 존재하고 건강과 행복, 집중력에 나쁜 영향을 미친다. 하지만 어느 토요일에 대낮까지 늦잠을 잔다고 해서(멋지긴 하지만) 그 부채를 갚는 데 별 도움이 되지는 않을 것이다. 그보다는 이 장에서 소개한 밀린 잠 따라잡기 전술을 이용해 하루하루 푹 잠을 자서 조금씩 보충해야 한다. 그러니 배터리를 충전된 상태로 유지하려면 주중이나 주말이나 휴일에 상관없이 매일 같은 시간에 알람을 설정하라.

———

에너지 충전과 관련해서 언급할 것이 하나 더 있다. 현재 인생에서 다른 누군가(어린아이건, 배우자건, 친구건, 부모님이건)를 돌보는 것이 주된 책임인 시기에 있다면 여기서 제시한 많은 전술이 완전히 비현실적이지는 않더라도 좀 이기적으로 느껴질 수 있다. 그렇다면 당신 자신을 돌볼 수 있게 설계된 특별한 전략을 소개하겠다.

87. 당신의 산소마스크를 먼저 쓰기

제이크는 아내가 첫아이를 가졌을 때 함께 예비 부모 교실에 다녔다. 당시 이곳의 교사가 굉장히 좋은 조언을 해주었다. 바로 당신의 산소마스크를 먼저 쓰라는 것이었다.

비행기에서는 다른 승객을 돕기 전에 먼저 자신부터 산소마스크를 착용하라고 말한다. 객실 내 기압이 떨어지면(이에 관해서는 너무 많이 생각하지 말자) 너 나 할 것 없이 모두 산소가 필요하기 때문이다. 누군가를 도우려고 애쓰다가 정작 당신이 정신을 잃어버린다면? 흠, 그다지 도움이 되지 않을 것이다. 그렇지 않은가? 영웅적일 수는 있겠지만 현명하지는 않다.

신생아를 돌보는 일은 객실 기압이 떨어진 경우와 비슷하다. 당신이 (최소한 조금이라도) 자신을 돌보지 않는다면 아기를 잘 돌볼 수 없다. 가능한 한 잘 먹고 언제든 잘 잘 기회를 최대한 활용하여 에너지를 최대로 끌어올려야 한다는 뜻이다. 잠깐 휴식해서 제정신을 유지할 방법을 찾아야 한다. 다시 말하자면 당신의 산소마스크를 먼저 써라.

신생아가 아닌 다른 누군가를 돌볼 때도 이 조언을 마음에 새겨야 한다. 다른 사람, 특히 당신이 사랑하는 누군가에게 매일 해주어야 하는 일들이 엄청난 정신적, 육체적 에너지를 소모하게 할 수 있다. 다시 말하지만, 우리는 이 전술 중 일부(산책하러 나가거나 혼자 조용한 시간을 갖거나 운동을 시작하는 등)를 시도하려는 생각이 이기적으로 보일 수 있음을 안다. 하지만 기억하라. 여기에서 소개하는 모든 전술의 의도는 중요한 일에 쓸 시간을 만들기 위한 에너지를 주려는 것이다. 사랑하는 사람을 돌보고 있다면 이보다 중요한 것이 뭐가 있겠는가?

돌아보기

Reflect

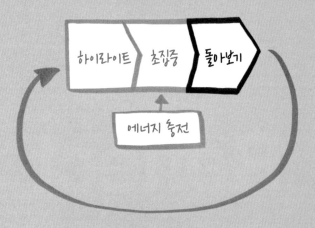

◎

과학과 일상생활은 분리할 수 없고
분리해서도 안 된다.

로절린드 프랭클린Rosalind Franklin

메이크 타임의 네 번째이자 마지막 단계에 온 것을 환영한다. 돌아보기에서는 간단한 과학을 이용해 메이크 타임 시스템을 조정할 생각이다. 당신의 습관, 생활 방식, 선호하는 대상, 심지어 당신의 고유한 신체에 맞게 시스템 조정이 이루어진다.

과학적 기법으로 하루하루를 미세하게 조절하라

걱정하지 마라, 과학은 단순하다. 물론 입자가속기, 천체물리학, 광자 어뢰 같은 과학은 좀 까다로울 수 있다. 그러나 과학적 기법 자체는 복잡하지 않다.

하나. 무슨 일이 일어나는지 **관찰한다.**

둘. 왜 그런 식으로 일어나는지 **추측한다.**

셋. 가설을 테스트하기 위해 **실험한다.**

넷. 결과를 측정하고 당신의 가설이 옳은지 **판단한다.**

이게 전부다. WD-40부터 허블 천체망원경에 이르기까지 모든 업적 뒤에 숨은 과학적 노하우는 모두 이 네 단계에서 나왔다.

메이크 타임도 과학적 기법을 사용한다. 이 책에 나오는 모든 내용은, 현대사회에 대한 우리의 관찰과 왜 시간 및 주의가 방해받는지에 대한 추측을 바탕으로 했다. 메이크 타임은 세 가지 가설로 압축할 수 있다.

하이라이트 가설

각각의 하루를 시작할 때 한 가지 목표를 설정하면 더 만족스럽고 즐겁고 효과적인 날을 보낼 수 있으리라고 예상한다.

초집중 가설

비지 밴드왜건과 인피니티 풀 주변에 장벽을 세우면 레이저 광선처럼 주의를 집중하게 되리라고 예상한다.

에너지 충전 가설

선사시대 사람들과 좀 더 비슷한 생활을 하면 정신적, 신체적 에너지가 높아지리라고 예상한다.

이 책에 나오는 전술들은 이 가설을 테스트하기 위한 87가지 실험이다. 우리는 이 전술들을 직접 시도해봤다. 하지만 당신에게 맞는지는 오직 당신만이 테스트할 수 있다. 그래서 과학적 기법이 필요하다. 대학생들이 자기도 모르게 참여하는 이중맹검(임상 연구에서 시험자와 피험자 모두 무엇을 테스트하는지 모르게 시행하는 실험 – 옮긴이) 연구나 소독된 실험실에서가 아니라 당신의 일상생활에서 데이터를 측정해야 한다.

표본은 당신 하나이며 당신이 얻은 결과가 정말로 중요하고 유일한 결과다. 돌아보기 단계에서는 이러한 일상생활의 과학이 중요하다.

결과를 추적하기 위해 기록하라
(이때 솔직해야 한다)

데이터 수집은 누워서 떡 먹기다. 당신은 매일 오늘 하이라이트를 위한 시간을 만들었는지, 하이라이트에 얼마나 집중했는지 돌아보고 얼마나 많은 에너지를 얻었는지 기록할 것이다. 또 사용한 전술을 검토한 뒤 효과적이었던 것과 효과가 없었던 것에 관한 의견을 쓰고 내일 시도할 전술에 대한 계획도 세울 것이다.

이 단계는 고작 몇 분밖에 걸리지 않는다. 그냥 다음의 간단한 질문에 답하기만 하면 된다.

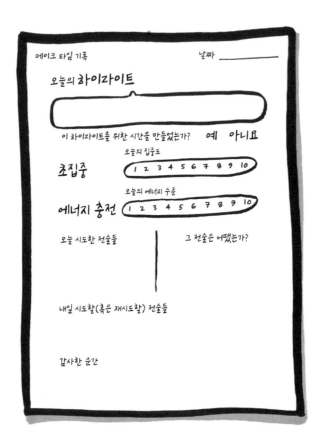

일반적인 날에 당신의 기록은 다음과 비슷할 것이다.

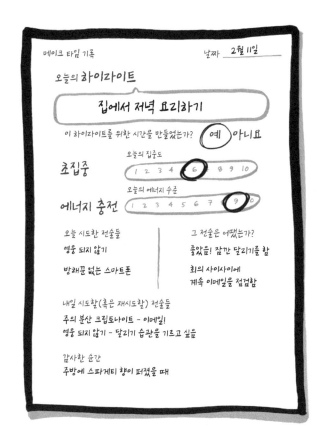

이 페이지를 쓰는 이유는 물론 당신이 메이크 타임을 어떻게 이용하는지 추적하도록 돕기 위함이다. 하지만 당신이 자신에 관해 알도록 하려는 마음도 있다. 며칠간 이런 식으로 기록해보면 하루 동안 자신의 에너지와 주의력이 어떤지 더 잘 파악하게 되고, 에너지와 집중력을 쏟는 일에 더욱 통제력이 높아질 것이다.

메이크 타임 시스템을 실험할 때 어떤 전술은 곧바로 효과가 나타나지만 어떤 전술은 인내와 끈기가 필요하다는 점을 기억하라. 때로는 어떤 전술이 일상에 맞춰지기까지 시행착오를 거쳐야 한다. (달리는 게 좋을까, 실내 자전거를 타는 게 좋을까? 출근하기 전, 점심 시간, 저녁 중 언제가 좋을까?) 처음에 실패하더라도 자책하지 마라. 좀 더 시간을 두고 기록을 이용해 접근 방식을 추적하고 수정해나가기 바란다. 우리의 목표는 완벽이 아님을 명심해야 한다. 모든 전술을 언제나 전부 실천하자는 이야기가 아니다. 심지어 일부 전술을 항상 실천하자는 것도 아니다. 지키지 못하는 날이나 주도 있을 것이다. 그래도 괜찮다. 언제라도 실험을 다시 시작할 수 있으니 많든 적든 생활에 맞는 만큼 하면 된다.

기록의 주된 목적은 실험 결과를 측정하기 위해서다. 그런데 우리가 '감사'와 관련한 질문을 포함했음을 눈치챘을 것이다. 감사 의식은 여러 다른 문화에 수천 년 동안 존재해왔다. 불교와 스토아학파의 중심이고 성경에도 나온다. 일본 다례의 일부이며 물론 우리가 지키는 추수감사절의 토대이기도 하다(이름도 같다). 하지만 우리가 감사라는 항목을 포함한 건 그 빛나는 역사에도 불구하고 지극히 단순한 이유에서다. 실험 결과를 한쪽으로 나아가게 하고 싶기 때문이다.

디폴트를 바꾼다는 것이 늘 쉽지만은 않다. 따라서 감사라는 렌즈를 통해 하루를 돌아보면 도움이 된다. 많은 일이 뜻대로 되지 않았음을 발견하는 날이 허다하겠지만, 그래도 감사를 느낀 순간이 시간을 만들기 위해 기울인 힘든 노력을 보상해준다. 그럴 때 내일 다시 메이크 타임의 단계를 밟겠다는 의욕이 생긴다.

이 책의 끝부분(307쪽)에는 빈칸의 기록 양식이 실려 있다. 그 페이지를 복사하거나 maketimebook.com을 방문해 인쇄 가능한 PDF 파일과 다양한 종이 및 디지털 형태의 양식을 다운로드받도록 하라. 물론 그냥 백지나 일반 공책에다 써도 된다.

또한 새로운 메이크 타임 습관을 들이는 데 도움이 되도록 스마트폰에 반복적인 알람을 설정해놓길 권한다. "이봐 시리,* 매일 아침 9시에 하이라이트를 선택하라고 알려줘" 혹은 "매일 저녁 9시에 그날에 관한 기록을 하라고 알려줘"라고 말하기만 하면 된다.

하루를 돌아보는 것이 영구적인 습관으로 자리 잡을 수도 있다. 물론 처음 2주 동안만 해도 괜찮다. 메이크 타임 기록을 인생의 (또 다른) 의무처럼 느껴서는 안 된다. 이 기록은 단지 나에 관해 알아가고 나에게 가장 효과적인 시스템을 세심하게 조정하는 한 방법일 뿐이다.

작은 변화가 큰 결과를 만든다

이 책의 초반에 우리는 몇 가지 말도 안 되는 주장을 했다. 급하게

---

* 아니면 '오케이, 구글'이나 '안녕, 햄Hello, HAL' 등.

몰아치는 현대생활의 속도를 늦추고 덜 바쁘게 느끼며 하루하루를 더 즐기는 것이 가능하다고 했던 말, 기억나는가? 이제 네 단계를 모두 거쳤으니 그 주장을 다시 살펴볼 시간이 되었다. 당신은 정말로 날마다 시간을 만들 수 있는가?

인정한다. 우리에게 당신의 인생을 도울 마법 같은 재설정 버튼이 있는 건 아니다. 오늘 답해야 하는 이메일이 500개인데 하나도 답하지 않고는 내일 무사하지 못할 것이다. 이번 주에 일정이 빽빽하게 차 있다면 아마 다음 주도 마찬가지일 것이다. 우리가 당신의 일정표를 지우거나 메일 수신함을 동결해주진 못한다.

하지만 그런 급격한 변화는 필요 없다. 메이크 타임에는 눈에 보이지 않는 전제가 있다. 바로 당신이 이미 변화에 가까이 와 있다는 것이다. 작은 변화만으로도 스스로를 통제할 수 있다. 주의를 분산하는 방해꾼 몇몇을 줄이고 신체적, 정신적 에너지를 조금만 더 키워 한 가지 중요한 일에 주의를 집중하면 만족스러운 날이 많아질 것이다. 일정표를 싹 비울 필요는 없다. 특별한 무언가에 주의를 집중할 60~90분만 있으면 된다. 목표는 중요한 일을 할 시간을 만들고 더 균형을 잡고 오늘을 좀 더 즐기는 것이다.

제이크

2008년에 나는 일지를 쓰기 시작했다. 내 에너지 수준을 기록해 그것을 향상할 방법을 이해하는 데 도움을 얻기 위해서였다. 다음은 그중 하나다.

11월 17일
에너지 수준: 8

오늘 시도한 전략:
아침에 30분간 운동하기

그 전술은 어땠는가?
운동하고 나니 기분이 더 좋아진 것 같았다. 앞으로 더 시도해봐야겠다. 오전에 3시간 연속으로 집중했지만 점심을 먹고 나자 피곤이 몰려왔다. 꽤 맛있는 디저트가 나와서 초콜릿 케이크를 두 조각이나 먹었기 때문인 것 같다. 점심 후에는 디저트를 먹지 말아야겠다.

이 기록은 통찰로 가득 차 있다. 아침에 운동하면 기운이 솟고 점심때 디저트를 먹으면 오후에 기분이 좋지 않다. 그리고 3시간은 내가 일에 집중할 수 있는 한계일지 모른다.
분명 이런 통찰("운동은 좋고 설탕은 나쁘다")이 획기적이지는 않다. 그러나 뻔한 소리일지라도 직접 기록해보면 큰 효과가 있다. 뉴스에서 연구 결과를 읽는 것과 그 결과를 직접 체험해보는 건 완전히 별개의 문제다.

매일 기록하니 반복할 중요한 부분뿐만 아니라 피해야 할 위험을 발견하는 데도 도움이 되었다. 나는 아침에 몸을 움직일 방법을 찾았고, 두 달 후 아침 운동이 일과에 자리 잡기 시작했다. 또 배가 고파 죽을 지경이 되기 전에 좀 더 일찍 점심을 먹기로 일정을 조절했다. 그러자 더 가볍고 에너지를 북돋아주는 점심 메뉴로 디폴트를 바꾸는 데 도움이 되었다.

초기 기록은 온통 에너지 충전과 관련한 내용이었지만, 그 후 나는 하이라이트와 초집중 전술들을 기록하고 관찰하는 것도 굉장히 유용하다는 사실을 알게 되었다. 이런 1인 실험은 내 전술을 이해하고 시스템을 나에게 맞는 형태로 조절하는 데 도움이 되었다. 매일 이렇게 하루를 돌아보자 내 행동이 더 좋은 쪽으로 바뀌었다. 나는 누군가 지켜볼 때 항상 더 성실하다. 그 누군가가 바로 나 자신일 때도.

• 내가 운동과 관련해 '영웅이 되지 말자'는 깨달음을 얻은 지(#61 참조) 얼마 지나지 않은 때였다.

'언제가,'가
바로 오늘이
되게 하라

Start
'Someday'
Today

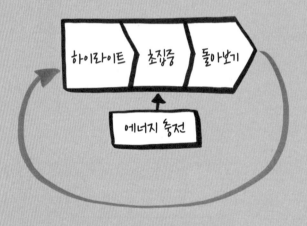

◎

세상에 무엇이 필요한지 묻지 마라.

당신을 활기차게 만드는 것이 무엇인지 묻고 그 일을 하라.

세상에 필요한 것은 활기를 띤 사람들이니까.

하워드 트루먼 Howard Truman

우리는 각자 실리콘밸리에서 수년을 보냈다. 실리콘밸리에서 좋아하는 비즈니스 용어 하나가 피봇pivot이다. 스타트업에서 피봇이란 한 회사가 어떤 일을 시작했는데 관련된(때로는 관련되지 않은) 다른 아이디어가 더 유망하다는 것을 깨닫고 방향을 바꾸는 것을 말한다. 그 기업에 자신감(그리고 자금)이 충분하다면 새로운 방향으로 피봇(전환)할 것이다.

이런 스타트업 피봇 중 일부는 어마어마한 성공을 거두었다. 토트Tote라는 쇼핑 툴이 피봇하여 핀터레스트Pinterest가 되었다. 오데오Odeo라는 팟캐스트 업체가 피봇하여 트위터가 되었다. 식당과 바에 들어갈 때마다 체크인해서 위치를 공유하는 버븐Burbn이라는 앱이 피봇하여 인스타그램이 되었고, 카메라용 운영체계를 만드는 회사가 피봇하여 안드로이드가 되었다.

메이크 타임의 도구와 전술에 자신감이 생기면 당신도 피봇할 수 있다. 하이라이트 선택을 통해 당신의 우선순위를 더 잘 알게 되고, 초집중 모드를 통해 집중력을 향상시켜 새로운 강점과 관심사를 발견할 수 있다. 또 이런 관심사를 좇고 어디로 이어질지 지켜볼 자신감도 생긴다. 이것이 정확히 우리에게 일어난 일이다.

 제이크

나는 직장에서 좀 더 생산적으로 일하고자 시간 실험을 시작했지만, 결과적으로 훨씬 더 큰 무언가를 얻었다. 이 책에서 소개한 전술은 직장과 집에서 균형을 더 잘 잡도록 도와주었다. 하루하루를 아주 조금씩이지만 변화시킴으로써 훨씬 더 큰 통제력을 느꼈고, 내우선순위에 쓸 시간 만드는 법을 배우면서 스프린트 기법 개발, 아이들과의 미술 전시회 같은 멋진 프로젝트들도 진행할 수 있었다. 물론 책 쓰기도 포함된다. 첫 번째 책을 쓰고 끝내는 일은 힘든 작업이었지만 메이크 타임이 도와주었다.

결과적으로 재미있는 일이 일어났다. 글 쓰는 시간을 많이 만들수록 글이 더 쓰고 싶어진 것이다. 마침내 나는 전업으로 글을 써보기로 결심했다. 우선순위의 이런 중대한 전환이 하룻밤 사이에 이루어진 건 아니다. 언덕 아래로 굴러가면서 새로운 변화를 이룰 때마다 점점 더 커지는 눈덩이 같았다. 2010년 저녁에 글을 쓰기 위해 메이크 타임을 처음 시작했을 때부터 2017년 전업 작가가 되기까지 7년이 걸렸다. 하지만 때가 되자 구글을 떠나겠다는 결심(한때는 제정신이 아닌 생각처럼 여겼다)을 쉽게 할 수 있었다. 내가 무엇을 원하는지 더 명확해졌고 한번 해볼 만하다는 걸 알 만큼 자신감이 쌓였기 때문이다.

제이크와 마찬가지로 나는 직장에서 더 능률적으로 일하기 위해 이 책의 전술을 이용하기 시작했다. 하지만 시간이 지나면서 증진된 에너지와 집중력을 직장에서 승진하는 데 쓰고 싶지 않다는 걸 깨달았다. 대신 새로운 우선순위가 생겼다. 바로 항해다. 항해에 시간을 더 많이 투자할수록 더 많은 만족감이 돌아왔다. 하지만 일과 달리 항해에서 얻는 만족감은 외부적 보상과는 거리가 멀었다. 항해에 동기를 부여해준 것은, 실제 기술을 익히고 세상을 다른 시각에서 보고 그 과정에서 즐거움을 찾는 본질적인 것들이었다.

나는 항해를 위한 시간을 더 많이 만들 방법을 찾기 시작했다. 이 책에 나오는 전술을 이용하여 한 일이 바로 그것이다. 아내 미셸과 나는 돛을 올리고 사는 삶의 가능성을 탐색했다. 해외에 살면서 원할 때 여행하고 사무실 업무 외 우리가 열정을 느끼는 일에 더 큰 노력을 기울일 수 있는 삶…. 그리고 2017년 한번 도전해보기로 결심했다. 우리는 일을 그만두고 아파트를 포기한 뒤 요트로 이사했다. 그리고 캘리포니아 남부에서 멕시코와 중앙아메리카까지 태평양 해안을 따라 항해를 시작했다.

그러자 다른 우선순위들이 사라졌다. 항해와 여행을 전업으로 하기 위해 회사생활을 그만두면서 나는 근사한 직함과 멋진 사무실, 봉

> 급, 연간 보너스를 포기했다. 하지만 당신이 지금 막 읽은 시스템을 몇 년간 따르고 나자 양자택일이 쉬웠다. 나는 내가 무엇을 위한 시간을 만들고 싶은지 알게 되었고, 그래서 아는 대로 했다.

경력을 쌓는 동안 우리는 너무 주의가 산만했고 허둥거렸으며 바빴다. 가장 관심 있는 일을 위한 시간을 만들기에는 피곤함에 절어 있었다. 메이크 타임은 먼저 우리가 통제력을 가질 수 있게 도와주었다. 그리고 시간이 지나자 수년간 미루어왔고 계속해서 무한정 미룰 뻔했던 전형적인 '언젠가는' 프로젝트들을 시작하도록 해주었다.

가장 중요한 우선순위를 정하는 습관을 들이면 일상생활이 바뀐다. 현재 당신의 일이 내면의 나침반과 완벽하게 일치한다는 사실을 알게 된다면 가장 중요한 기회를 확인하고 그에 따라 행동할 수 있는 역량이 훨씬 커질 것이다. 메이크 타임은 당신의 경력을 장기적이고 지속적으로 늘려줄 수 있다. 그리고 메이크 타임으로 보강된 취미 활동과 부수적인 프로젝트들이 이를 완벽하게 보완한다.

부수적인 프로젝트가 서서히 그 자체의 생명력을 얻을 가능성도 있다. 예상치 못한 새로운 길이 나타날지도 모른다. 그리고 당신은 그 길을 따라가 어디에 이를지 볼 준비가 되어 있을 것이다.

분명히 말해두자면 일을 때려치우고 세계를 항해하라 조언하는 건 아니다(당신이 항해에 빠진 사람이 아니라면 말이다. 만약 항해에 푹 빠진 경우라면 JZ에게 이메일을 보내 조언을 구하길). 또 우리가 모든 걸 다 안다고 주장하는 것도 절대 아니다. 전혀 그렇지 않다! 우리는 우선순위들의 균형을 끊임없이 재조정하고 있다. 오늘 우리가 하고 있는 일을 2년, 5년 혹은 10년 뒤에도 하고 있을 가능성은 거의 없다. 당신이 이 책을 읽는 시점에 또다시 방향을 바꾸고 있을지도 모른다. 그래도 상관없다. 자신에게 중요한 일을 위한 시간을 만들고 있는 한 이 시스템은 효과적이다.

당신의 목표가 삶의 균형을 찾는 것이건 현재의 직업에서 성장하는 것이건 혹은 새로운 일로 피봇하는 것이건, 메이크 타임은 당신이 열정을 느끼는 일에 시간을 들이고 주의력을 높이도록 해줄 것이다. 하워드 트루먼의 말처럼, 세상엔 활기를 띤 사람들이 필요하다. 당신을 활기차게 만드는 일, 그 일을 위한 '언젠가'를 기다리지 마라. 바로 오늘 시작하라.

시간을 만들기 위한 '빠른 시작' 안내서

이 책에는 많은 전략이 나와 있다. 어디서부터 시작해야 할지 잘 모르겠다면 다음 방법을 따라 해보는 것도 좋다.

하이라이트 설정: 하이라이트를 위한 일정 짜기(#8)
주도적으로 하루의 틀을 잡고 대응이 반복되는 사이클을 끊을 수 있는 간단한 방법이다.

초집중 모드 돌입: 주의 분산 크립토나이트 차단하기(#24)
한 가지 인피니티 풀에서 벗어나 본 다음 당신의 주의력이 어떻게 바뀌는지 관찰하라.

에너지 충전: 발이 닳도록 돌아다니기(#62)
매일 걸어 다닌 몇 분이 몸에 활기를 북돋고 마음을 고요하게 해준다.

사흘 동안 매일 저녁에 하루를 되돌아보기

평생 저녁마다 일기를 써야 할까 봐 걱정하지 않아도 된다(우리도 아직 그 정도는 아니다). 그냥 위의 세 전술을 시도해보고 사흘 연속으로 기록해보라. 그리고 무엇을 배우고 얻었는지 살펴보라.

또한 메이크 타임을 도와줄 요령과 앱은 maketimebook.com에서 확인해보기 바란다.

제이크와 JZ의 일정표 샘플

일상생활에서 메이크 타임이 어떤 모습인지 보면 도움이 될 것 같다. 그래서 우리 일정표 중 일반적인 날을 여기에 소개한다. 하루에 여러 전술을 시도할 수 있는데, 이 일정표에 '하루 설계하기', '로그아웃하기', '손목시계 차기', '방해꾼 없는 스마트폰 만들기' 같은 전술은 굳이 헤아리지 않았다. 많은 전술을 시도할 수 있다고 해서 꼭 그래야 하는 건 아니다. 이건 극단적인 예다. 잊지 마라. 우리 두 사람은 시간 얼간이임을.

일정표가 회의로 꽉 차 있을 때 나는 기운을 얻고 유지하기 위해 온종일 몇 가지 전략을 사용했다. 이렇게 에너지를 유지함으로써 밤에 모험소설을 쓸 시간을 낼 수 있었다.

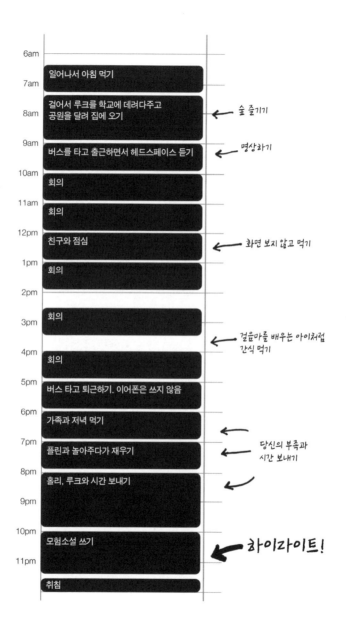

시간	일정	
6am		
7am	일어나서 아침 먹기	
8am	걸어서 루크를 학교에 데려다주고 공원을 달려 집에 오기	← 숨 즐기기
9am	버스를 타고 출근하면서 헤드스페이스 듣기	← 명상하기
10am	회의	
11am	회의	
12pm	친구와 점심	← 화면 보지 않고 먹기
1pm	회의	
2pm		
3pm	회의	
4pm	회의	← 걸음마를 배우는 아이처럼 간식 먹기
5pm	버스 타고 퇴근하기. 이어폰은 쓰지 않음	
6pm	가족과 저녁 먹기	←
7pm	플린과 놀아주다가 재우기	← 당신의 부족과 시간 보내기
8pm	홀리, 루크와 시간 보내기	←
9pm		
10pm	모험소설 쓰기	← 하이라이트!
11pm		
	취침	

다음은 내가 구글에서 일하던 당시의 평범한 하루다. 나는 매일 일찍 일어나 곧바로 하이라이트를 수행했고 다른 일은 무엇이건 그 뒤에 했다. 물론 커피 마시기만 빼고. 그리고 걸어서 출근해 에너지를 증진하며 하루를 시작했다. 오후에 창의적 에너지가 시들해지면 관리 업무(이메일 같은)와 에너지 회복(운동, 요리, 아내 미셸과 시간 보내기)으로 초점을 바꾸었다.

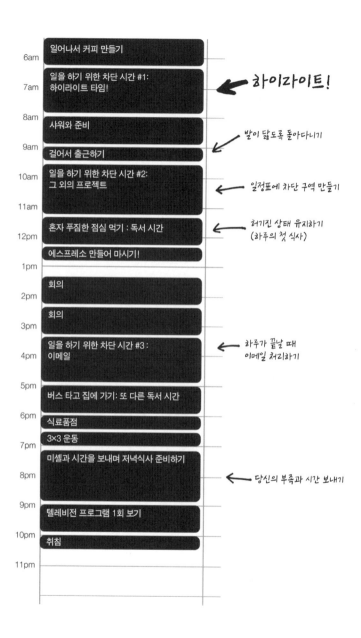

6am	일어나서 커피 만들기
7am	일을 하기 위한 차단 시간 #1: 하이라이트 타임!
8am	샤워와 준비
9am	걸어서 출근하기
10am	일을 하기 위한 차단 시간 #2: 그 외의 프로젝트
11am	
12pm	혼자 푸짐한 점심 먹기 : 독서 시간
	에스프레소 만들어 마시기!
1pm	
2pm	회의
3pm	회의
4pm	일을 하기 위한 차단 시간 #3 : 이메일
5pm	
	버스 타고 집에 가기: 또 다른 독서 시간
6pm	식료품점
7pm	3×3 운동
	미셸과 시간을 보내며 저녁식사 준비하기
8pm	
9pm	텔레비전 프로그램 1회 보기
10pm	취침
11pm	

←── 하이라이트!

←── 밤이 닳도록 돌아다니기

←── 일정표에 차단 구역 만들기

←── 허기진 상태 유지하기 (하루의 첫 식사)

←── 하루가 끝날 때 이메일 처리하기

←── 당신의 부족과 시간 보내기

시간 얼간이들을 위한 추가 참고도서

《무조건 행복할 것 The Happiness Project**》**, 그레첸 루빈

당신을 더욱 행복하게 만들어줄 책. 이 책을 읽지 않는 건 미친 짓이다.

《브레인 룰스》, 존 메디나

뇌 과학을 재미있고 간결하게 훑어본 책. 이해하기 쉽고 기억하기도 쉽다. (훨씬 더 자세하고 까다로운 책을 원한다면 애덤 개절리Adam Gazzaley와 래리 로즌Larry Rosen의《산만한 정신: 첨단기술 세계의 고대 두뇌The Distracted Mind: Ancient Brains in a High-Tech World》를 찾아보기 바란다.)

《딥 워크》, 칼 뉴포트

집중해서 일하기 위한, 자부심 넘치고 종종 독특한 전략이 가득 담긴 책.

《나는 4시간만 일한다》, 팀 페리스

팀은 초능력자고 우리는 아니지만 그래도 우리는 이 책에서 많은 것을 배웠다.

《쏟아지는 일 완벽하게 해내는 법 Getting Things Done**》**, 데이비드 앨런

엄청나게 치열한 조직화 시스템이다. 우리는 헤아릴 수 없을 만큼 자주 절제력을 잃었고 더 이상 GTD 실천자도 아니지만, 데이비드 앨런의 철학과 여전히 함께한다.

《무엇이 평범한 그들을 최고로 만들었을까?How to Have a Good Day**》**, 캐럴라인 웹 Caroline Webb

행동과학의 최신 동향을 깊이 있게 분석하고 과학을 일상생활에 적용하는 방법을 영리하게 추천하는 책.

《순간의 힘 The Power of Moments**》**, 칩 히스 & 딥 히스Chip and Dan Heath

히스 형제는 순간이 왜 삶에 엄청난 영향을 미치는지 설명하고 삶에서 멋진 순간을 끌어낼 방법을 알려준다. 이 책을 읽은 뒤 새롭게 힘을 내서 하이라이트에 열중하기 바란다.

'앤디 퍼디컴이 출연한 헤드스페이스 앱'

앤디는 명상으로 안내하는 것 이상의 일을 한다. 그는 현대에 꼭 필요한 마음가짐을 가르친다.

《습관의 힘》, 찰스 두히그

메이크 타임 전술을 장기적인 습관으로 바꾸는 안내서로 이 책을
활용하라.

《마인드셋Mindset》, 캐럴 드웩 Carol Dweck

습관은 굉장히 강력해서 행동을 바꾸려면 때때로 마음가짐의 변
화가 필요하다.

《마이크 폴란의 행복한 밥상》, 마이클 폴란

수렵 채집인처럼 먹어서 에너지를 쌓는 데 이보다 더 좋은 안내서
는 없다.

《사피엔스》, 유발 노아 하라리

메이크 타임의 많은 전술은 고대 인류에게서 배운다는 생각을 바
탕으로 한다. 이 책은 음… 인간에 관한 상세하고 뛰어난 역사서다.

주의 분산 산업에 관한 좀 더 면밀한 비판은 애덤 알터의《저항
불가: 우리를 중독시키는 기술과 사업의 부상》, 트리스탄 해리스
가 구축한 웹 사이트인 인도적 기술 센터Center for Humane Technology
(humanetech.com)를 찾아보기 바란다. 또 어떻게 제품을 습관처럼
사용하도록 디자인하는지 보려면 니르 이얄Nir Eyal의《훅Hooked》을
권한다.

비키 로빈Vicki Robin, 조 도밍후에즈Joe Dominguea, 모니크 틸포트의
《돈 사용설명서Your Money of Your Life》
이 고전은 메이크 타임과 동일한 원칙들(디폴트를 다시 생각하기, 의도적
으로 일하기, 주의 분산 피하기)을 개인 재무라는 주제에 적용한다. 놀랍
도록 자극을 주는 책.

윌리엄 어빈Wlliam B. Irvine의 《직언A Guide to the Good Life》
스토아철학에 매우 쉽게 접근할 수 있는 입문서. 스토아철학은 메
이크 타임과 마찬가지로 삶을 살아가는 전술로 이루어진 일상의 체
계지만 동시에 2천 년이 넘은 철학 사상이다.

허브 매코믹Herb McCormick의 《재미있는 한As Long as It's Fun》
또 다른 유형의 제안을 하는 책. 자신들만의 디폴트를 만들기로 결
심해 직접 배 두 척을 제작하고, 두 번이나 세계를 향해 11권의
책을 쓴 부부의 전기다. 순수한 영감을 주는 책.

제이크

애니 딜라드 Annie Dillard**의 《삶**The Living**》**
이 소설(내가 자란 워싱턴주 북서부 지역 근처가 배경이다)은 수십 년 동안
나와 함께한 순간에 감사하는 마음을 안겨주었다.

스티븐 킹의 《유혹하는 글쓰기》
당연히 나처럼 소설가를 꿈꾸는 사람들의 필독서다. 꼭 작가나 공
포소설 팬(나는 아니다)이 아니더라도 이 책을 사랑할 것이다. 어떤 일
이라도 성실하고 열정적으로 하는 데 대한 교훈으로 가득 차 있다.
게다가 굉장히 재미있다.

마지막으로, 우리 두 사람은 당신이 이 책을 읽어야 한다고 생
각한다!

제이크

JZ

제이크 냅과 존 제라츠키, 브레이든 코위츠 Braden Kowitz**의 《스프린트》**
메이크 타임의 아이디어가 마음에 든다면 직장에서 스프린트를 한
번 시도해보기 바란다.

전술을 공유하고, 자료를 찾고, 사람들과 연결되고 싶다면?

메이크 타임을 도와줄 최신 앱을 찾고 있다면, 우리와 다른 독자들의 새로운 전술을 읽고 싶다면, 당신의 기법을 공유하고 싶다면, maketimebook.com을 방문하여 우리의 뉴스레터를 구독하기 바란다.

감사의 말

정말로 굉장한 사람들이 이 책을 쓰는 데 도움을 주었다.

우리의 탁월한 대리인인 실비 그린버그Sylvie Greenberg는 블로그 게시물 더미에서 완성된 책으로 우리를 이끌어주었다. 플레처 앤 드 컴퍼니에서 우리를 담당한 팀인 에린 맥패든Erin McFadden, 그레인 폭스Grainne Fox, 베로니카 골드스타인Veronica Goldstein, 새라 푸엔테스Sarah Fuentes, 멜리사 친칠로Melissa Chinchillo, 그리고 당연히 크리스티 플레처Christy Fletcher에게도 큰 감사를 보낸다.

뛰어난 편집자 탈리아 크론Talia Krohn은 우리가 정말로 중요한 것에 초점을 맞추고 가능한 한 가장 유용한 책이 탄생하도록 도와주었다. 커런시Currency의 팀 모두, 팀 컨스터블Tim Constable, 캠벨 와턴Campbell Wharton, 에린 리틀Erin Little, 니콜 맥애들Nicole McArdle, 메건 슈만Megan Schumann, 크레이그 애덤스Craig Adams, 앤드리아 라우Andrea Lau와도 하이파이브를 하고 싶다.

영국 쪽 편집자인 앤드리아 헨리Andrea Henry는 완벽하게 타이밍을 맞춘, 현명한 피드백을 해주었다.

또한 초기 독자인 조시 옐린Josh Yellin, 이몰라 엉거Imola Unger, 미아 마반타Mia Mabanta, 스콧 젠슨Scott Jenson, 조너선 코트니Jonathan Courtney, 스테펀 클라우센Stefan Claussen, 라이언 브라운Ryan Brown, 대런 니컬슨Daren Nicholson, 파이퍼 로이드Piper Loyd, 크리스틴 브릴란테스, 마린 리시나Marin Licina, 브루나 실바Bruna Silva, 스테프 크뤼송Stéph Cruchon, 조지프 뉴웰Joseph Newell, 존 피치John Fitch, 마누 코넷Manu Cornet, 보아즈 개비시Boaz Gavish, 멜 더스테퍼노Mel Destefano, 팀 호퍼Tim Hoefer, 카밀 플레밍Camille Fleming, 마이클 레깃Michael Leggett, 헨리크'베이Henrik Bay, 하이디 밀러Heidi Miller, 마틴 로엔스만Martin Loensmann, 대니얼 앤드포스Daniel Andefors, 애나 앤드포스Anna Andefors, 티시 냅Tish Knapp, 잰더 폴록Xander Pollock, 말리사 폴록Maleesa Pollock, 베키 워런Becky Warren, 로저 워런Roger Warren, 프랜시스 코르테스Francis Cortez, 맷 스토리Matt Storey, 숀 로치Sean Roach, 틴 카도익Tin Kadoic, 신디 펜턴Cindy Fenton, 잭 루실로Jack Russillo, 데이브 시릴리Dave Cirilli, 디 스카라노Dee Scarano, 미첼 기어Mitchell Geere, 리베카 가자보트만Rebecca Garza-Bortman, 에이미 본살Amy Bonsall, 조시 포터Josh Porter, 롭 햄블런Rob Hamblen, 마이클 스마트Michael Smart, 란잔 재그러선Ranjan Jagganathan, 더글러스 퍼거슨Douglas Ferguson은 솔직한 반응과 함께 통찰력 있는 제안을 해주었다. 그들의 노력 덕분에 훨씬 더 좋은 책이 만들어졌다.

1,700명이 넘는 테스트 독자들은 이 책의 초반부를 명확히 하

고 지루하지 않게 하는 데 도움을 주었다. 비록 지면에 소개하지는 못했지만 모두에게 똑같이 감사드린다는 것을 알아주셨으면 좋겠다.

먼저 아내 미셸에게 고마움을 전한다. 당신은 최고다. 세인트존st. John에서 함께 휴가를 보내며 이 책의 첫 윤곽을 잡을 때도, 책 작업이 우리의 항해 계획과 겹쳤을 때도 이 프로젝트를 지지해준 것에 감사한다. 특히 원고를 여러 번 읽고 가장 필요한 관점에서 현명한 피드백을 해준 것에 감사한다. 정말 고마워.

제이크에게 감사한다. 내가 이 책을 쓴 것은 우리가 함께 첫 스프린트를 진행한 지 6년이 되었을 때였다. 제이크, 자네와 함께 일한 경험은 일 자체에 대한 내 생각을 바꿔줬어. 우리의 협력은 내가 계획할 수도, 예상할 수도 없던 것이었지. 그리고 무엇보다 정말로 재미있었어. 다시 한번 뭉쳐보자고.

일에서 롤 모델이 되어준 내 친구들에게도 감사한다. 삶을 지원하도록 일을 재설계하는 법에 관해 일찍이 본보기가 되어준 마이크 지트Mike Zitt, 전심을 다한 창의적인 작업의 힘을 보여준(그리고 광고 문구 작성에 환상적인 멘토가 되어준) 맷 쇼브, 일정이 가득 찬 관리자가 정말로 중요한 일을 위한 시간을 어떻게 만들 수 있는지 보여준 그레이엄 젠킨, 일에 자신의 전부를 쏟으면 얼마나 놀라운 일들이 일어나는지 보여준 크리스틴 브릴란테스와 대니얼 버카Daniel Burka에게 고마움을 전한다.

10년 이상에 걸쳐 내 메이크 타임 아이디어들을 앱으로 바꾸어준 테일러 휴스Taylor Hughes, 리즈완 새터Rizwan Satter, 브렌든 멀리건 Brenden Mulligan, 닉 버카Nick Burka, 대니얼 버카도 빼놓을 수 없다. 돈조Done-zo, 콤포즈Compose, 원 빅 씽One Big Thing에도 늘 고마울 것이다.

시간과 에너지, 삶에 대한 내 생각을 바꿔준 저자들(그리고 영향을 미친 다른 사람들)에게도 감사한 마음이다. 특히 칼 뉴포트, 그레첸 루빈, 제임스 알투처James Altucher, 제이슨 프라이드Jason Fried, JD 로스JD Roth, 로라 밴더캠Laura Vanderkam, 린 파르디Lin Pardey, 마크 시슨Mark Sisson, 나심 탈레브Nassim Taleb, 팻 슐테Pat Schulte, 폴라 팬트Paula Pant, 피트 애드니Pete Adeney, 스티븐 프레스필드Steven Pressfield, 비키 로빈Vicki Robin, 워런 버핏Warren Buffett에게 감사드린다.

 제이크

아내 홀리에게 가장 큰 감사를 보낸다. 홀리의 꾸준한 격려와 냉철한 피드백이 없었다면 이 책을 쓰지 못했을 것이다(나는 '냉철한'이란 단어를 가능한 한 칭찬의 의미로 사용했다). 홀리, 당신은 나를 정말 행복하게 해줘. 고마워.

태어난 것만으로 내게 시간관리라는 개념을 소개해준 루크에게도 고맙다. 긴 프로젝트 동안 꾸준히 친구가 되어주고 디자인 감각을 빌려준 것에도 고맙다는 말을 하고 싶다.

흥이 많아 내가 글을 쓰다 휴식을 취하도록 독려해준 플린에게도 고맙다. 함께 삽화 작업을 해준 것에도 고마움을 전한다.

내 초등학교 시절 이야기를 타이핑해두고, 12학년 영어를 신랄하게 비판하는 나를 참아주고, 이 책에서 어법을 바르게 쓰도록 도와주신 어머니, 무엇보다 책 쓰는 일이 가능하다는 것을 몸소 보여주신 것에 감사드린다. 내가 작가라면 그건 어머니 덕분이다.

이 책의 서두에 인용한 간디의 말은 아주 오랫동안 아버지의 픽업트럭 계기판에 붙어 있었다. 아버지는 그 말대로 사셨다. 평생 속도를 늦추고 돈이나 명예보다 알찬 시간을 우선시하는 비관습적인 선택을 하셨다. 아버지는 이 책을 못 보시겠지만 나는 글을 쓰려고 자리에 앉을 때마다 늘 아버지를 생각했다. 아버지, 너무 보고 싶습니다. 제게 주의를 기울이는 법을 가르쳐주셔서 감사해요.

많은 친구들이 삶과 시간에 대한 각자의 접근 방식으로 내게 영감을 주었다. 전부 이름을 언급하는 대신 특히 내 사고를 형성해준 두 사람에게 감사의 말을 몰아주겠다. 스콧 젠슨과 크리스틴 브릴란테스,

그대들은 최고다.

책을 출판할 기회가 주어진 것을 행운이라 생각하고 내게 그 문이 열리도록 도와준 많은 분들에게 감사한다. 그중에서도 실비 그린버그, 크리스티 플레처, 벤 로흐넨Ben Loehnen, 팀 브라운Tim Brown, 니르 이얄, 에릭 리스Eric Ries, 빌 메리스Bill Maris, 브레이든 코위츠, 찰스 두히그에게 고마움을 전한다.

이 책은 내 하루하루에 관한 생각을 바꿔준 저자들에게 보내는 팬레터이기도 하다. 특히 대니얼 핑크워터Daniel Pinkwater, 데이비드 앨런, 그레첸 루빈, 준 번June Burn, 제이슨 프라이드, 바버라 킹스러버Barbara Kingslover, 팀 어번Tim Urban, 애니 딜라드, 팀 페리스, 스티븐 킹, 오스틴 클레온Austin Kleon, 스콧 버쿤Scott Berkun, 댄 애리얼리Dan Ariely, 마리에 곤도, 톰 켈리Tom Kelly와 데이비드 켈리David Kelly, 칩 히스와 딥 히스에게 감사한다. 혹시 저자 중 한 분이 지금 이 부분을 읽을지도 모르니 말하겠다. 이 감사의 말을 언제든 내게 커피 한 잔 청구할 수 있는 쿠폰으로 생각하셨으면 좋겠다.

그리고 당연히 내 광장한 친구 존 제라츠키에게 특급 감사를 보낸다. 자네의 열정, 끈기, 지성, 통찰력, 근면함, 건설적인 의견 일치까지 전부 고마워. 자네의 세계관은 우리가 처음 만났을 때부터 지금까지 내게 영감을 주었고 함께 일하는 게 즐거웠어. 자네가 갑자기 멕시코로 떠나버렸을 때도 말이지.

이미지 저작자

삽화: 제이크 냅

스마트폰과 랩톱 바탕화면 사진들: 루크 냅

일부 색칠: 플린 냅

메이크 타임 기록 날짜 _____

오늘의 **하이라이트**

이 하이라이트를 위한 시간을 만들었는가? 예 아니요

오늘의 집중도

초집중 1 2 3 4 5 6 7 8 9 10

오늘의 에너지 수준

에너지 충전 1 2 3 4 5 6 7 8 9 10

오늘 시도한 전술들 | 그 전술은 어땠는가?

내일 시도할(혹은 재시도할) 전술들

감사한 순간

MAKE
TIME